小学校 新学習指導要領 特別支援教育の視点で授業づくり

特別支援教育コーディネーター
田中 博司

明治図書

まえがき

「社会に開かれた教育課程」「カリキュラム・マネジメント」「主体的・対話的で深い学び」など、今回の学習指導要領の改訂は、これまで以上に大きな動きのあるものです。

こうしたキーワードと共に、この改訂で注目しておきたいことがあります。「特別支援教育の充実」です。

本書は、新学習指導要領における特別支援教育の視点に注目した本です。

第1章　新学習指導要領が示す新しい時代へのアプローチ

まず第1章では、今回の学習指導要領で、特別支援教育の充実が図られた社会背景に目を向けます。障害者に関する法整備や、インクルーシブ教育に向けての考え方など、特別支援教育を取り巻く昨今の社会背景を読み解くことで、新学習指導要領が示す新しい時代の姿にアプローチします。

■第2章　学びに向かえない子供へのアプローチ

第2章では、新学習指導要領に示された三つの資質・能力の中から、「学びに向かう力」に焦点をあてます。

みんなと同じようにできない子。

みんながわかっていることがわからない子。

できない・わからないを積み重ねて、自信ややる気をなくしてしまった子。

そんな子どもたちを、学びに向かわせるための手立てにアプローチします。

■第3章　特別支援教育の視点で教科指導へのアプローチ

第3章では、教科ごとの指導・支援を整理し、各教科における手立てへのアプローチを試みます。

今回の学習指導要領では、総則だけでなく、各教科の中に障害のある児童などへの対応が明記されていることが、大きな改訂のポイントです。それらを教科ごとに整理しました。

どの教科の頁も前半でまず、学習指導要領の解説等に載せられている指導例をまとめました。後半は、筆者の経験をもとに、実際の教室現場から見えてくる子供の姿を紹介しました。

尚、この章で取り上げる指導事例は、文部科学省のサイトにある「学習指導要領」「学習指導要領解説編」、および「幼稚園、小学校、中学校、高等学校及び特別支援学校の学習指導要領等の改善及び必要な方策等について」（答申）（中教審第１９７号）の別紙7「特別支援教育の充実を図るための取組の方向性」を参考にしました。

第４章　特別支援教育の視点で授業改善へのアプローチ

第４章では、教科の枠を越えた、どの子もわかる・できる授業のポイントに迫ります。どの教科の授業においても意識しておきたい授業改善の視点です。

日本の多くの学校では、子供がたくさんいる教室の中で、たった一人の先生が授業をしています。そんな教室で、どの子もわかる・できるようになるためのアプローチです。

第5章　これからの学びへのアプローチ

第5章は、新しい学びへのアプローチです。

新習指導要領では、二十一世紀を生きる子供のために、新しい学びの在り方が示されています。「何を学ぶか」だけでなく、「どう学ぶか」「何ができるようになるか」「学んだことをどう生かすか」という視点です。こうした学びの在り方は、インクルーシブ教育とのつながりも深いです。支援が必要な子供のための新しい学びについて考えていきます。

第6章　つながりへのアプローチ

第6章では、連携について取り上げます。

学習指導要領総則には、障害のある児童などへの指導について、「障害のある児童などについては、特別支援学校等の助言又は援助を活用しつつ、個々の児童の障害の状態等に応じた指導内容や指導方法の工夫を組織的かつ計画的に行うものとする」と書かれています。

特別支援教育は、担任一人で行うものではありません。担任の先生が、どのようにまわりとつながることができるかということについて、最後にアプローチしていきます。
新学習指導要領で学ぶ教室の子供や先生方が、毎日笑顔で安心して過ごすために、本書が少しでも役に立つことができれば幸いです。

二〇一八年四月

田中　博司

もくじ

第2章 学びに向かえない子供へのアプローチ

第3章 特別支援教育の視点で教科指導へのアプローチ

第4章 特別支援教育の視点で授業改善へのアプローチ

第5章 これからの学びへのアプローチ

第6章 つながりへのアプローチ

第1章

新学習指導要領が示す新しい時代へのアプローチ

CHAPTER 1

1 特別支援教育の10年を振り返る

▼特別支援教育の始まり

平成19年、学校教育法が改正され、特別支援教育がスタートしました。それまでの特殊教育とは大きく変わり、障害の中に、発達障害が位置付けられ、また、全ての学校において行われるものになりました。

実際に学校現場で特別支援教育が意識され始めたのは、その数年前に遡ります。特別支援教育の実施を前にして、当時の職員室では、40人の子供たちの中で、どのように個別の対応をすればいいのか、不安や戸惑いを抱く先生たちが多くいました。

私が所属する東京コーディネーター研究会は、特別支援教育が動き出した平成16年に発足しました。私が、当時、黒川君江先生に声をかけられた理由は、これから始まる特別支援教育は、通常の学級からの視点が不可欠だったからです。

発足当初は、まだ、通常の学級での特別支援教育の在り方や方法については模索段階で、書籍や先行実践はほとんどなく、自分の学級経営や授業の中で試みた実践を、研究会の仲間と出し合い、発信することが続きました。

▼特別支援教育の浸透

特別支援教育のスタートから10年。二度の全国調査からは、通常の学級の中に、約6．5％の支援を要する児童がいることが明らかになりました。この結果も後押しとなり、通常の学級での手立てを、多くの先生たちが、教師の当たり前のスキルとして身に付けるようになってきました。「ユニバーサルデザイン」や「学校スタンダード」「ソーシャルスキルトレーニング」などの言葉を当たり前のように聞くようになりました。

こうした状況をみると、特別支援教育が、日本の学校現場に根付いてきていることがよくわかります。そんな時代に作られる学習指導要領では、特別支援教育の充実が図られ、障害のある児童に関する指導もこれまで以上に加えられることになります。

2 新学習指導要領を読む

▼新学習指導要領の特徴

新学習指導要領の特徴の一つは、特別支援教育の充実が図られていることです。その中には、通常の学級における障害のある児童などについての指導も記されています。

これまでとの大きな違いは、総則だけでなく、各教科にも障害のある児童についての記述がされていること、そして、それぞれの教科の解説編の中で、具体的な配慮例が挙げられていることです。

▼新学習指導要領総則における障害のある児童などへの指導

総則には、通常の学級での特別支援教育に関わる記述として、第1章 第4の2の(1)アに、「児童の障害の状態等に応じた指導の工夫」があります。次のような文です。

障害のある児童などについては、特別支援学校等の助言又は援助を活用しつつ、個々の児童の障害の状態等に応じた指導内容や指導方法の工夫を組織的かつ計画的に行うものとする。

また、同エにおいては、個別の教育支援計画や個別の指導計画の作成と活用が、次のように示されています。

障害のある児童などについては、家庭、地域及び医療や福祉、保健、労働等の業務を行う関係機関との連携を図り、長期的な視点で児童への教育的支援を行うために、個別の教育支援計画を作成し活用することに努めるとともに、各教科等の指導に当たって、個々の児童の実態を的確に把握し、個別の指導計画を作成し活用することに努めるものとする。(以下略)

これまで以上に、関係機関と連携を図り、二つの計画を活用して、より長期的に、より計画的に指導・支援を進めることが求められています。

▼各教科に加えられた障害のある児童などへの指導

今回の改訂では、総則だけでなく、各教科にも障害のある児童などへの指導が記述されています。

それぞれの教科の「指導計画の作成と内容の取扱い」で、次のように示されています。

> 障害のある児童などについては、学習活動を行う場合に生じる困難さに応じた指導内容や指導方法の工夫を計画的、組織的に行うこと。

どの教科においても、学びにくさがある子供を想定した指導をすることが、当たり前のこととしてとらえられるようになりました。

さらに、新学習指導要領の解説では、具体的にいくつか配慮例が挙げられています。

この配慮例については、学びの過程で考えられる「困難さ」「指導の工夫の意図」「手立て」の視点で、まとめられています。

個別の指導計画

国語・社会・算数・理科など

指導を行うための細かな計画

手だて

配慮

個別の教育支援計画

家庭，地域及び医療や福祉，保健，労働など

関係機関と連携して支援するための長期的な計画

各教科での配慮

困難さに応じて行う

×

ＬＤだから，教科書にふりがなをふろう

○

読むことが苦手だからスリットを使おう

3 インクルーシブ教育に向けて歩む

▼インクルーシブ教育時代の学習指導要領

「インクルーシブ教育」という言葉を聞くようになってきました。新学習指導要領で、特別支援教育の充実が図られていることは、学校がインクルーシブ教育時代に歩み出していることを反映しているからだとも言えます。

ここでは、社会背景の変化に伴って、インクルーシブ教育を実現するために特別支援教育の充実が図られている様子について押さえます。

▼特別支援教育の理念が示してきた将来の社会

文部科学省が平成19年4月に出した「特別支援教育の推進について（通知）」に、特別支援教育の理念が示されていました。その最後に、次の一文があります。

さらに、特別支援教育は、障害のある幼児児童生徒への教育にとどまらず、障害の有無やその他の個々の違いを認識しつつ様々な人々が生き生きと活躍できる共生社会の形成の基礎となるものであり、我が国の現在及び将来の社会にとって重要な意味を持っている。

これを読むと、特別支援教育とは、共生社会の形成の基礎を目指したものであることがわかります。そして、この理念が示されてから10年が経ち、教育現場がいよいよ共生社会へ向けて動き出します。

それは、次に示す障害者を巡る社会背景の変化とも関係します。

▼障害者にかかわる社会背景

ここ数年で、障害者に関する社会背景が大きく変わりました。

「障害者の権利に関する条約」

国連の「障害者の権利に関する条約」（以下、障害者権利条約）に、日本も２００７年（平成19年）に署名し、２０１４年（平成26年）に批准しました。

この障害者権利条約では、障害を理由とする差別を否定しており、日本は条約の批准に向けた動きの中で、教育分野においても「インクルーシブ教育の推進」や「合理的配慮の提供」に向けて法令等を整備しました。

「障害を理由とする差別の解消の推進に関する法律」

障害者権利条約の批准に向けて行われた様々な法整備の中に、平成28年4月に施行された、「障害を理由とする差別の解消の推進に関する法律」（以下、障害者差別解消法）があります。

この法律は障害を理由とした差別の解消を推進するための法ですが、合理的配慮を提供しないこと、それ自体が差別とされています。公的機関は、合理的配慮の提供が法的に義務付けられました（民間事業者は努力義務が課せられています）。ですから、公立学校においても、それまで、努力やサービスの範疇で行われてきた個人への配慮に、法的な責任を負うことになったわけです。

インクルーシブ教育システムのための特別支援教育の推進

また、平成24年7月には、文部科学省中央教育審議会からは、「共生社会の形成に向けたインクルーシブ教育システム構築のための特別支援教育の推進」が提言されました。

そこには下記の文言があります。

> ・基本的な方向性としては、障害のある子どもと障害のない子どもが、できるだけ同じ場で共に学ぶことを目指すべきである。その場合には、それぞれの子どもが、授業内容が分かり学習活動に参加している実感・達成感を持ちながら、充実した時間

を過ごしつつ、生きる力を身に付けていけるかどうか、これが最も本質的な視点であり、そのための環境整備が必要である。

共に学ぶということは、一緒にいるという参加面のことだけでなく、どの子にも達成感ある充実した学びが求められるのです。

▼「インクルーシブな教育」という発想

ここまで示したように、社会が成熟していく中で、障害者へのまなざしが変わってきています。学校においても、障害がある子供だからと、障害を理由として安易に学ぶ場を分けるという時代ではなくなりました。しかし、根本にあるのは、子供の充実した学びと達成感です。

新しい学習指導要領に、一人一人の支援がていねいに記述されていることも、社会背景が映し出されているといえるでしょう。同じ場にいるだけでなく、同じ場で学び、支援や配慮を得て、共に充実した学びを得ることが求められているのです。

また、充実すべきなのは子供の学びの達成感であり、そのためには、必ずしも同じ教室で学ぶことだけにこだわらず、多様な学びの場を活用し、子供たち一人一人を支えることも大切になってきます。

目指すのは、まわりと違う人が排他されることなく、どの人もみな共に充実して過ごせる社会を作ることです。そのためにも、そういう思いや態度をまずは、教育の場から根付かせないといけません。違いを受け止め合い、共に生きることができる子供を育てるということです。

そうはいっても、今の学校現場をすぐにインクルーシブにすることは難しいです。先生にも、子供にも大きな負荷がかかるかもしれません。

ノートルダム清心女子大学の青山新吾先生は、「インクルーシブな教育」「インクルーシブ発想の教育」という言葉を使います。

「インクルーシブ教育」を実施しなければならないと構えてしまうのではなく、特別支援教育の充実を図りながら、日々の授業や生活にインクルーシブな発想を取り入れていくことで、どの子もみな共に過ごすことができる教室が築かれていくのだろうと期待します。

4 学校現場の今を見直す

▼同質性が求められる学校現場

多くの学校で、特別支援教育に注目が集まるようになり、どの子も学びやすく過ごしやすいように、また、どの教員も、更には保護者も教えやすいようにと、「学校スタンダード」や「〇〇小よい子のきまり」といった明確なルールが作られるようになってきました。ところが、こうした取り組みの多くは、みんながそろうためのものであり、「どの子も同じように」という意識になってしまう傾向も感じられます。

そもそも集団生活を基盤としている学校は、同じにそろえることを求められることが多くあります。そんな特質の上に成り立つスタンダードは、そこに当てはまらない子供が、かえってクローズアップされてしまうことも少なくないのが現状です。個々の教育的ニーズに応える特別支援教育や、多様性を大事にするというインクルーシブ教育の方向とは反してしまうようにも映ります。

▼学校のきまりの整理

学校でのきまりやルールを改めて見直し、整理してみると、次のように分けられることに気付きます。

①法令的に守るべきこと（一般社会では、罰せられるようなこと）
②社会秩序的に守るべきこと（社会的なルールやマナー）
③集団生活を営むために守るべきこと（集団でのルールやマナー）
④その学校・学級の環境だから守るべきこと（地域や学校のローカルルール）
⑤その学校や学級の目標、方針として守るべきこと（先生の理想やこだわり）

①には、人やものを傷つけないこと、人のものを勝手に触らないことなどが挙げられます、②は、挨拶やコミュニケーションなどのいわゆるソーシャルスキルです。③は、時間を守ることや当番活動を行うことなど、集団生活を営むために必要なものです。④は、施設の使い方など、その学校特有の環境に起因するものです。⑤は、学校ごとの教育目標や、担任の先生の目指す学級像、児童像などです。

①と②についてのきまりは、いつ、どこでも必要とされる普遍的なものであるといえます。一方、③・④については、数十人、数百人の子供が、同じ場、同じ時間で動くという学校の特性のもとでのものであり、必ずしも子供の将来に必要でないものもあります。更に、⑤に至っては、指導者の意図による影響が大きいものです。極端に言えば、校長や担任が変わると、なくなってしまうようなきまりやルールでもあります。

▼きまりを守る指導と支援

学校や教室にはたくさんのきまりやルールがあります。子供はそれらにしばられ、拘束されながら毎日を過ごしています。そして、それらを守れない子供は、支援を要する子供としての、ラベルを貼られます。しかし、五つの基準でルールやきまりを見直すことで、その子が今、身に付けなければいけないことや優先順位などが見えてくるはずです。

もし、その子が、①や②のように、将来社会生活を営む上で、身に付けなければいけない課題を抱えているならば、それらを習得するための指導やトレーニングが必要でしょう。

一方で、③~⑤のような学校という特殊な環境の中だからこの困難さであるのならば、その子に配慮した支援があってもいいかもしれません。

▼社会の縮図と特殊な環境の間

学校とは、社会の縮図だと言います。一方で、同年代の子供が何十人も集まり、分刻みで集団生活をしている姿は、一般社会にはあまり見られない特殊な環境だとも考えられます。つまり、学校とは、一般的な社会の姿と、特殊な環境が入り混じった場であるのです。

型にはめようとし過ぎたり、同調性を求め過ぎたりしていると、そこに入れない子供の存在が気になります。インクルーシブ教育時代の学校現場として、こうした学校社会の姿を鑑みながら、子供たちとかかわっていくことが求められるのではないでしょうか。

5

合理的配慮と基礎的環境整備を考える

▼インクルーシブ教育システムの構築

「共生社会の形成に向けたインクルーシブ教育システム構築のための特別支援教育の推進（報告）」（文部科学省、平成24年）において、障害のある子供が十分に教育を受けるためには「合理的配慮」と「基礎的環境整備」が必要であると示されました。これからの学校教育において、「合理的配慮」と「基礎的環境整備」が欠かせなくなってきています。

▼合理的配慮の定義

更に先の報告では、障害者の権利条約の定義に照らし、合理的配慮を次のように定義しています。

> 障害のある子どもが、他の子どもと平等に「教育を受ける権利」を享有・行使することを確保するために、学校の設置者及び学校が必要かつ適当な変更・調整を行うことであり、障害のある子どもに対し、その状況に応じて、学校教育を受ける場合に個別に必要とされるもの」であり、「学校の設置者及び学校に対して、体制面、財政面において、均衡を失した又は過度の負担を課さないもの」

「合理的」や「配慮」という言葉は、なかなかとらえにくいところがありますが、均衡を失するものや、過度の負担があるものは、「合理的」ではないととれますし、「配慮」とは、必要かつ適当な変更や調整のことだと解釈できそうです。

▼基礎的環境整備の定義

合理的配慮は、基礎的環境整備と共に行われるものとされています。

基礎的環境整備は、次のように示されています。

> 法令に基づき又は財政措置により、国は全国規模で、都道府県は各都道府県内で、市町村は各市町村内で、教育環境の整備をそれぞれ行う。これらは、「合理的配慮」の基礎となる環境整備であり、それを「基礎的環境整備」と呼ぶこととする。

ここで示される基礎的環境整備は、都道府県や市区町村の教育委員会の役割になりますが、日々の教室での環境を整備するのは、やはり担任教師ということになるのでしょう。

▼合理的配慮と基礎的環境整備の関係

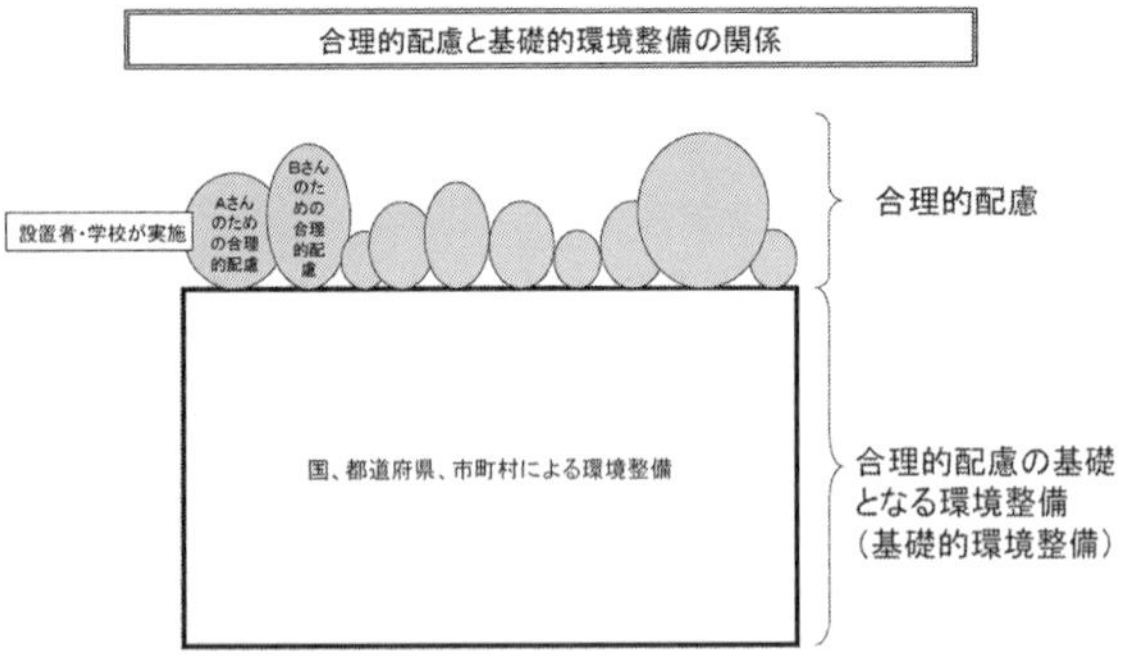

「共生社会の形成に向けたインクルーシブ教育システム構築のための特別支援教育の推進（報告）」（文部科学省，平成24年７月）

合理的配慮と基礎的環境整備の関係は、前頁の図にわかりやすく示されます。

▼合理的配慮と基礎的環境整備の実際

さて、定義を読み解いてもなかなか理解しにくい合理的配慮と基礎的環境整備ですが、前者を個人への支援、後者を集団への配慮ととらえると、学級担任として、何をすればよいかが見えてくるのではないでしょうか。

例えば、環境が整っていない学校で、書字に困難さがある子供だけが、タブレットパソコンを使う場合があります。これは個人への支援になりますから、合理的配慮ととらえられます。けれども、タブレットパソコンを一人一台もたせる学校があります。これは、集団への取り組みになるので、基礎的環境整備ともとらえられます。

つまり、同じ手立てであっても、学級の実態や環境によって、合理的配慮とも基礎的環境整備ともとらえられるということです。

今回の学習指導要領には、どの教科にも「障害のある児童などについては、学習活動に生じる困難さに応じた指導内容や指導方法の工夫を計画的、組織的に行うこと」と記載されています。

こうした工夫でも、集団全体に行うことがいい場面と、個人に向けて行う方がいい場面が生じることが予想されます。それを判断できるのは、子供と一番近くで接しているそれぞれの学級の担任教師です。担任教師には、集団や個人を実態把握するアセスメントが求められることになります。

▼合理的配慮の留意点

合理的配慮は、その子一人に向けられるものです。しかし、集団生活を基盤としている教室で、一人だけに対応すると、「あの子だけずるい」「自分もそうしてほしい」という声が飛び交います。担任教師が一番苦労するところです。

合理的配慮という言葉は、もともとは英語の「Reasonable Accommodaion」という表記からきています。Accommodaionとは、直訳すると、調和・調整という意味になります。つまり、合理的配慮は、その子の支援について、しっかりと話し合いをし、整えていくことととらえることができます。

一人の子供の支援に対して、他の子供からの不協和音が響くようであれば、その子たちとしっかり話をする場面が必要です。時には、まわりの子供にも同じ手立てをとる必要が生じることがあるかもしれません。

▼合理的配慮の実践データベースの活用

独立行政法人国立特別支援教育総合研究所のサイトには、インクルーシブ教育システム構築支援データベース（インクルＤＢ）が公開されています。

実践事例データベースでは、「対象児童生徒等の障害種」「対象児童生徒等の在籍状況等」「対象児童生徒等の学年」「基礎的環境整備の観点」「合理的配慮の観点」の五つのカテゴリーから該当項目を選び、検索することで、合理的配慮の事例を見ることができます。

このサイトには、実践事例データベースのほかに、「相談コーナー」「関連情報」のコンテンツがあります。

6

共に学び、共に過ごす教室を作る

▼その子にあった学び方

これまで、学級の子供を公約数でとらえ、そこに合わせて実践を進めてきた学校現場も、これからは、個々の子供の違いを受け止め、子供のニーズに合った教え方、学び方を用意しなければならなくなってきています。

そもそも人は多様であり、その多様さが認められる教室や授業を作ることが求められます。

▼教室の立体モデル

私は、教室を「個」と「集団」と「関係」でとらえるようにしています。通常の学級での特別支援教育は、「個」へのアプローチと「集団」へのアプローチのバランスが大事です。さらに、教室の子供にとっては、それぞれの「関係」が非常に大きな要点になっていて、担任として見逃せない視点になります。

写真1　みんながそろっていて，規律正しいクラスの立体モデル

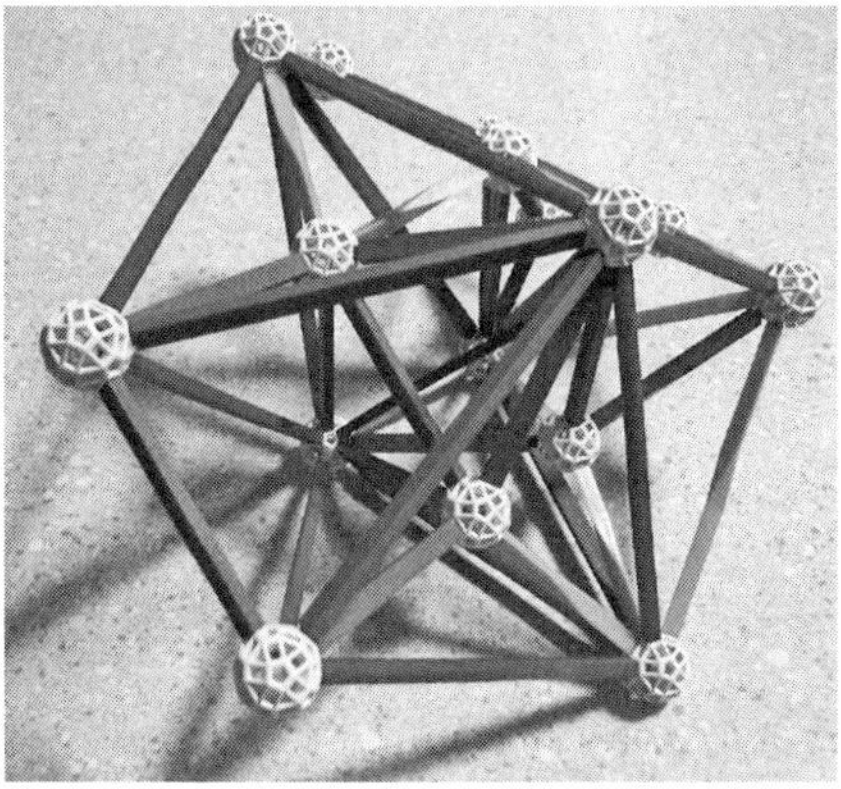

写真2　多様な子供がゆるやかにかかわり合うクラスの立体モデル

そんな教室の様子を立体モデルで表しました。球体が「個」、それをつなぐスティックが「関係」、できあがる立体が「集団」を表します。

かつては、写真1のように、整った形の学級集団が理想とされていました。しかし、どの子も共に学ぶ教室、一人一人の違いが大事にされる教室においては、子供たちのつながり具合も、できあがる立体も、写真2のように、複雑な形でもいいと考えます。

学級という共同体の中で、しっかりつながり合ってはいるけれど、一方で違いも認められる、そんな姿がこれからの教室像になってくると思われます。

（参考　拙著『通常の学級　子どもと子どもがつながる教室』学事出版）

第2章

学びに向かえない子供へのアプローチ

CHAPTER 2

1

まずは授業に参加させる

▼学びに向かえない子供

教室には、学びに向かえない子供がいます。

学校は、何人もの同じ年齢の子供が、同じ教室にいて、同じ授業をします。しかし、同じ年齢だからと言って、同じように学べるわけではありません。

同じ生活年齢の子供も、知能指数や発達段階でとらえると前後およそ2歳の幅があるそうです。つまり、3年生の学年集団には、通常、1年生から5年生までの発達段階の子供がいることになります。

そう考えると、まわりの学びについていけない子供が教室にいるのは当然のことです。1年生の発達段階にいながら3年生のクラスにいる子供の中には、学びに向かう気持ちが奪われてしまう子供もいることでしょう。

また、学力の問題だけでなく、友達関係に悩んでいたり、家庭生活で不安なことがあったりすれば、授業どころではなくなります。

教室にはそんな子供がいることを忘れてはいけません。

▼学習指導要領の解説

さて、学習指導要領の各教科の解説には、次の記述があります。

> 通常の学級においても、発達障害を含む障害のある児童が在籍している可能性があることを前提に、全ての教科等において、一人一人の教育的ニーズに応じたきめ細かな指導や支援ができるよう、障害種別の指導の工夫のみならず、各教科等の学びの過程において考えられる困難さに対する指導の工夫の意図、手立てを明確にすることが重要である。

また、次のように苦手さがあるからといって、安易に学びのレベルと落としてはいけないと釘を刺されているようにも感じる記述もあります。

目標や内容の趣旨、学習活動のねらいを踏まえ、学習内容の変更や学習活動の代替を安易に行うことがないよう留意するとともに、児童の学習負担や心理面にも配慮する必要がある。

しかし、私はこれまでにも、学びに向かえない子供や、学びに向かえない学級の話をたくさん聞いてきました。実際の現場には、教科の目標や内容どころではなくなってしまっている子供や教室もあるのが現状です。

改めて、解説の文言を確かめます。「安易に」行うことがないようにと書かれています。学びに向かえずに苦しんでいる子供たちに、授業を受けさせることは至難の業です。時には、教科の本質にしばられるよりも、その子に合った手立てを考えることが必要な段階もあるのでないでしょうか。

まずは、授業に参加できるようにするということです。例えば、次のような手立ても、時には必要だと考えます。

・子供がワクワクするようなクイズやゲームなどを取り入れてみる。
・思わず夢中になるエンターテインメント性の高い活動を行う。
・自分にも何かできそうだと思えるように、学習の難易度を下げたり、量、時間などを少し軽減したりしてみる。

そもそも学びに向かえなければ、教科の本質にも迫れません。まずは、学びに参加できるようにするという視点をもちたいです。

2

授業のゴールを示す

▼授業のゴール

どの子も授業に向かえるようにするために、毎時間のゴールをできるだけ具体的な姿や方法にして、子供に伝えるようにします。教師はクラスの全員がゴールに到達できるかどうかを思い浮かべてみます。もし、ゴールにたどり着かなそうな子供がいれば、その子がゴールにたどり着くための方法を考えます。次のような方法が考えられるでしょう。

- フォーマットを用意して、書かせる。
- 解答を用意して、写させる。
- 友達と相談させる。

・友達のノートを参考にさせる。

特に、子供に学習活動をゆだねるときには、始める前に「ゴールに行けるか心配な人は、手を挙げてみて」とか「自分では進めなさそうな人は、先生のところに来て」などと声をかけ、適切な支援を行えるようにします。

▼ゴールしたことへの評価

授業の最後に、みんながゴールにたどり着いたかどうか確かめます。たとえ、手助けをしてもらっても、ゴールにたどり着いていれば、大いにほめます。そうでなければ残念がります。特に、やればできるのにやらなかったときは、思いっきり残念がります。

自分がその時間にどこに向かえばいいのかがわかること、そして、自分もがんばればゴールにたどり着けるという見通しがもてることは、学習が苦手な子供にも、学びに向かわせるための原動力になるはずです。そして、どの授業でも、ゴールできるという経験の積み重ねが、子供の学びに向かう力を育てていくことになるでしょう。

3

見通しをもたせる

▼先の見えない仕事

大人でも先の見えない仕事は、嫌なものです。反対に、いつまでに、何をやるかがわかっていることで、安心して取り組むことができます。授業でも同じことがいえるはずです。

▼学習内容の提示

次に何があるのだろうかというドキドキワクワク感もたまにはよいですが、いつも続くと落ち着きがなくなります。

平素の授業は、何をすればよいかがわかる方が落ち着いて学習に向かえます。

そのために、写真のように、毎時間、その時間の授業スケジュールを掲示するようにします。

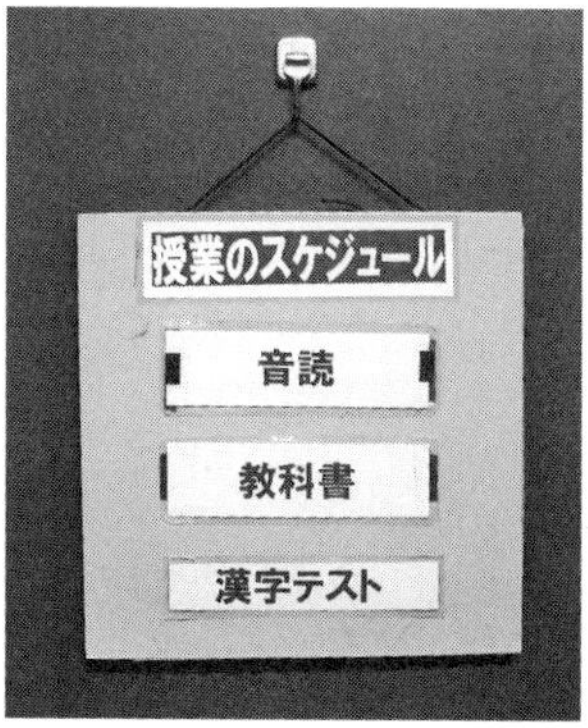

国語の授業スケジュール

▼学習時間の提示

苦手なこと、やりたくないことであっても、あとどれくらいやればよいのかがわかればがんばれるものです。

だから、子供に活動をさせる際には、何分でやるかと時間を示したり、何時何分までやるかという時刻を掲示したりします。

時間の提示には、市販のキッチンタイマーを使いますが、タイムタイマー（Time Timer社）やスクールタイマー（スズキ）など広い教室でも使いやすい市販品もあります。タイムタイマーは、アナログ式で、時間を量的にとらえることができます。スクールタイマーは、デジタル表示で、秒単位で時間がわかります。

4

環境を整える

▼刺激の少ない教室掲示

特別支援教育の視点を取り入れて、落ち着いた教室掲示を行う教室が増えてきました。授業中、子供の目に入りやすい教室前面の壁や黒板には、できるだけものを貼らないようにします。本棚には、カーテンをかけ、余計なものを目に入れず、学習に集中できるようにします。教室に貼る掲示物は、できるだけ壁の色と同系のものを使うようにすると、教室全体が落ち着きます。

こうでなくてはいけないということはありませんが、クラスにいる子供の特性や様子を見ながら教室の環境を整えていくことが大切です。そのためのアイデアを紹介します。

▼個別スペースの設置

まわりのことが気になって集中できない子供のために、教室の中に一人になれるスペースを作っておきます。

個別スペースまで作らなくても、板目紙を貼り合わせたものを机に置くことで、机上の学習道具やノートに集中できるようになります。

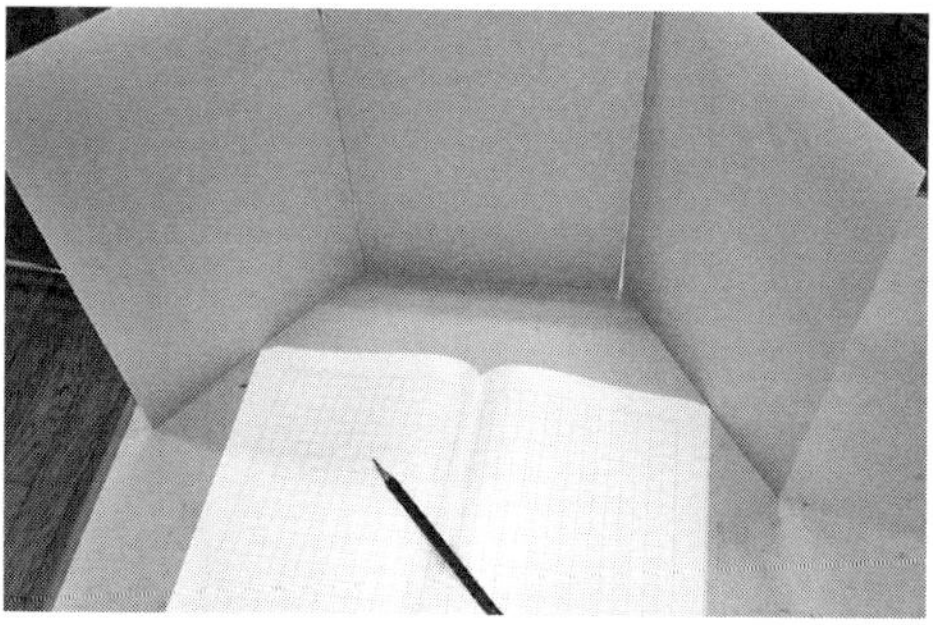

机で集中するしかけ

▼座席のフォーメーション

授業には、読む、書く、聞く、発表する、話し合う、調べる、実験する、作業するなど、様々な学習活動があります。そんな中で、それぞれの活動を適切に行うのが難しい子供がいます。聞く場面で話してしまったり、話し合う場面で書いてしまったりする子供です。そんな子供が適切な学習活動をできるように環境面を整えます。

授業の場面は、大きく次の場面に分けられると考えます。

①先生の話を聞く
②ノートやワークシートを書く
③全体で話し合う
④ペアやグループで作業をする

それぞれの活動場面で、座席の形態を変えることで、今、するべき活動が何かをとらえやすくします。スクール型は、①や②の活動に向いています。③のようにクラス全体で意見を交換し合うような場面では、サークル型やコの字型にします。④のようなときには、グループ型に変えます。

特に、教師の話や、友達の発表を聞くときには、机を後ろに移動し、子供だけが前に集まるような集合型にすることで、聞き手となる子供が話し手に、注目しやすくなります。

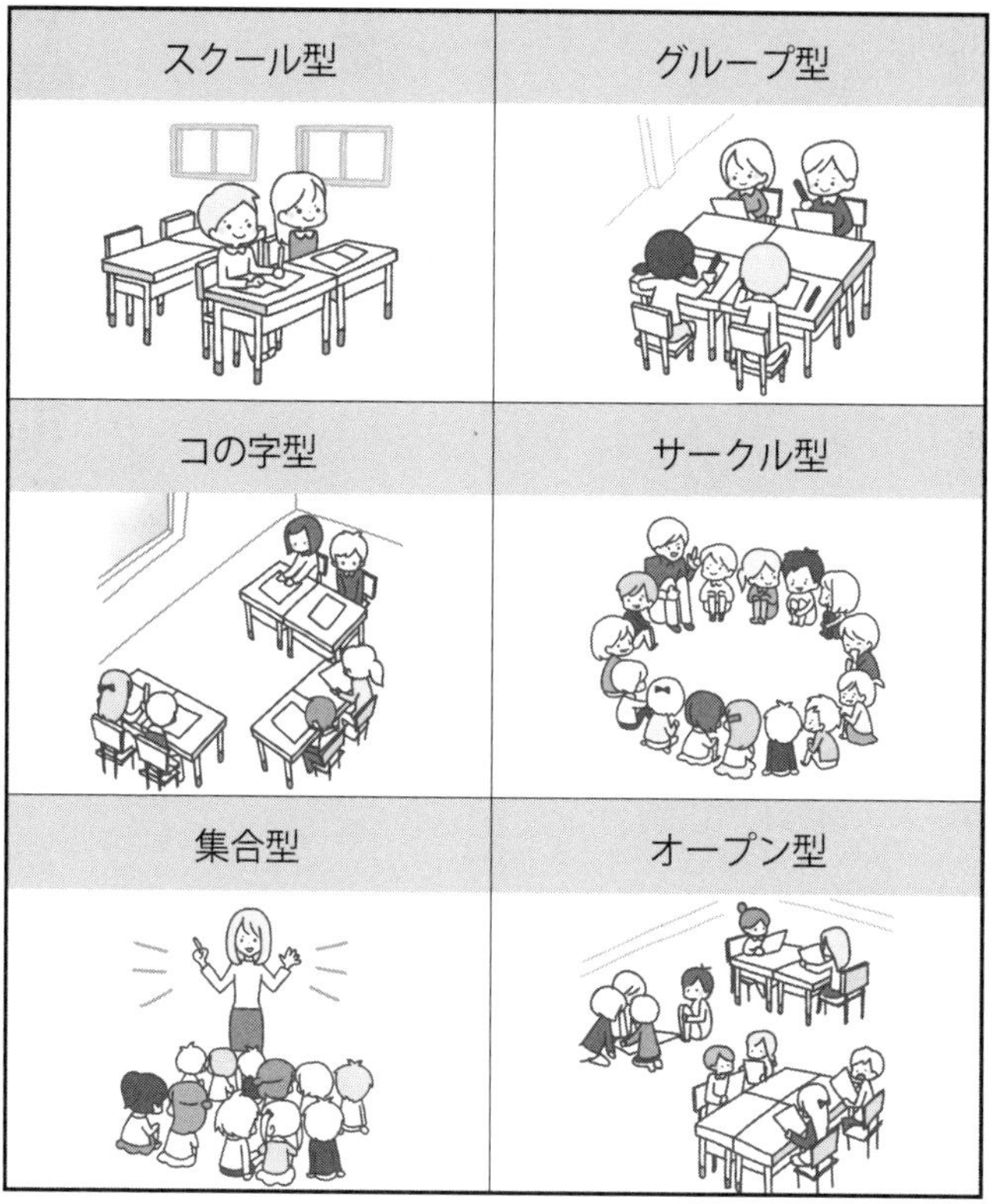

様々な教室レイアウト

5 時間や量を調節する

▼時間の調節

ＮＨＫの子供向け番組を見ていると、分刻みで内容が変わっていきます。一つの番組が、数分から数十秒のものもあります。これは、子供の集中する時間を表しているのだろうと思います。

じっくりと長く取り組むことが苦手な子供でも、短い時間ならば集中して取り組むことができます。ということは、45分間授業に取り組むことができない子供でも、授業を分割して行えば、授業に参加しやすくなるということです。

国語ならば、「新出漢字」「音読」「教科書」。算数ならば、「復習タイム」「教科書」「練習問題」「確認テスト」などと、授業を分割して展開することで、子供が授業に参加しやすくします。

モジュール学習を取り入れて、知識や技能の習得を図っている学校もあります。学習時間を短くすることは、学びに向かう力と共に、確かな知識や技能の習得にもつながると考えられます。

▼量の調節

どの子も同じ量の学習はできません。だから、みんなが「できた」で終われるようにするために、学習の量を調整します。

例えば、算数の10問の練習問題があったとします。2問目まで解いたところで、教師のところに持ってこさせます。丸を付けた後に、次に取り組む問題を個別に指示します。このとき、早く持ってきた子供には、残りの問題を全てやらせます。持ってくるのが遅い子供には、時間に応じて、次に取り組む問題を減らしていきます。問題の量を個別に調整することで、どの子も時間内に最後の問題にたどり着くことができます。

10問の漢字ミニテストでは、2問コース、5問コース、10問コースを選択できるようにしておきます。点数は、100点をもとに、1問間違えるごとに、10点減らすことにします。減点式にすることで、どの子も、満点に近付けることができます。

毎回「途中までしかできなかった」「やり残してしまった」「合格できなかった」という思いで授業を終えていると、気持ちは沈んできます。まして、終わらなかったところが宿題になるようでは、ますますその授業が嫌いになっていくことでしょう。

子供にやる気や自信をもたせるためにも、学習の量を調整することで、「最後までやり遂げられた」「ゴールまでたどり着けた」という思いで、授業を終えられるようにしたいです。

☆問題量を個別に調整

すばやいね！
残りの8問も
やってみよう
よく頑張った！
あと2問
できるかな？

☆漢字ミニテスト

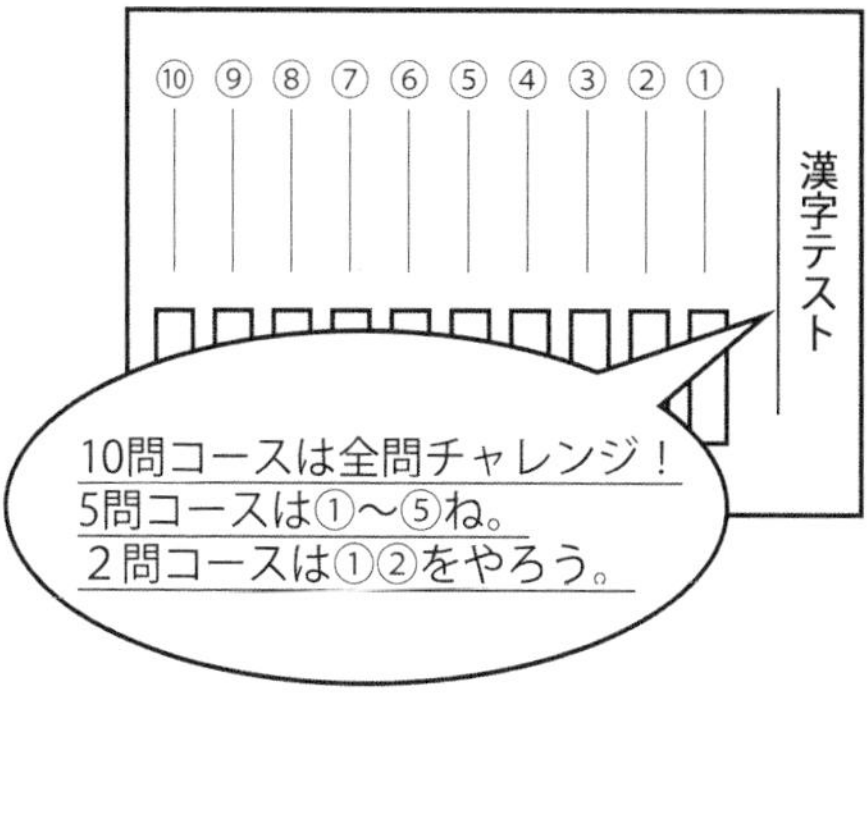
漢字テスト
① ② ③ ④ ⑤ ⑥ ⑦ ⑧ ⑨ ⑩
10問コースは全問チャレンジ！
5問コースは①～⑤ね。
2問コースは①②をやろう。

6 多様な方法を用意する

▼学びの動機付け

授業の導入場面では、それぞれの教科の学習内容に迫ることで興味・関心を高めたいところですが、それではなかなか学びに向かえない子供がいます。

そんな子供には、「なんだかおもしろそう」「やってみようかな」と思える方法を用意することも必要です。

▼子供が目を向けるしかけや教材

子供は、クイズやゲーム、パズルなどが大好きです。授業の中に、クイズやパズルのようなしかけやゲーム性のある活動があると、授業に参加しようとします。

例えば、新出漢字を使っての漢字ビンゴです。9個のマスに、漢字を書き、教師が提示した漢字で列がそろえば、ビンゴ達成となります。漢字練習ノートには書きたがらない子供でも、ビンゴカードには漢字を書いている姿が見られるはずです。

都道府県名や歴史人物などは、スリーヒントクイズにして当てさせます。教科書や地図帳を手掛かりにさせてもよいでしょう。クイズの答えを探す中で、自然と都道府県の特徴や歴史上の人物の業績を理解するようになります。

最近は、インターネットや電子教科書によって、ビデオ教材なども提示しやすくなりました。NHKのサイトには、様々な番組やビデオクリップが用意されています。

教師の説明や教科書の文章には、興味を示さない子供でも、アニメや動画には、目を向けやすいです。

子供が夢中になるような楽しいしかけ、わかりやすい教材の力で子供を授業に参加させる手立ても、一考の余地ありです。

▼マルチ知能の活用

アメリカの教育学者、ハワード・カードナーが、人には八つの知能があるという、マルチ知能という考えを提唱しています。多重知能やマルチプルインテリジェンス、ＭＩなどと称され、欧米ではずいぶん浸透しているようです。八つの知能とは、〈言語〉〈論理・数学〉〈空間〉〈体・運動〉〈音楽〉〈人間関係〉〈自分・自己観察〉〈自然との共生〉です。

左ページは、それを子供にわかりやすいように示したマルチピザのイラストです。子供に好きな教科を聞いてみると、体育や図工、音楽などがあがります。反対に国語や算数、社会などは、人気がありません。

これは、〈空間〉〈体・運動〉〈音楽〉という力で学ぶことを得意としていて、〈言語〉〈論理・数学〉の力での学びを苦手としているととらえることもできます。

ならば、国語や算数、社会の授業の中でも、他の力を使えるようにすることで、子供も学びやすくなると考えられます。体験活動や対話活動、映像や音楽などを授業に取り入れることで、多くの子供に、学びに向かう力を促すことができるのではないでしょうか。

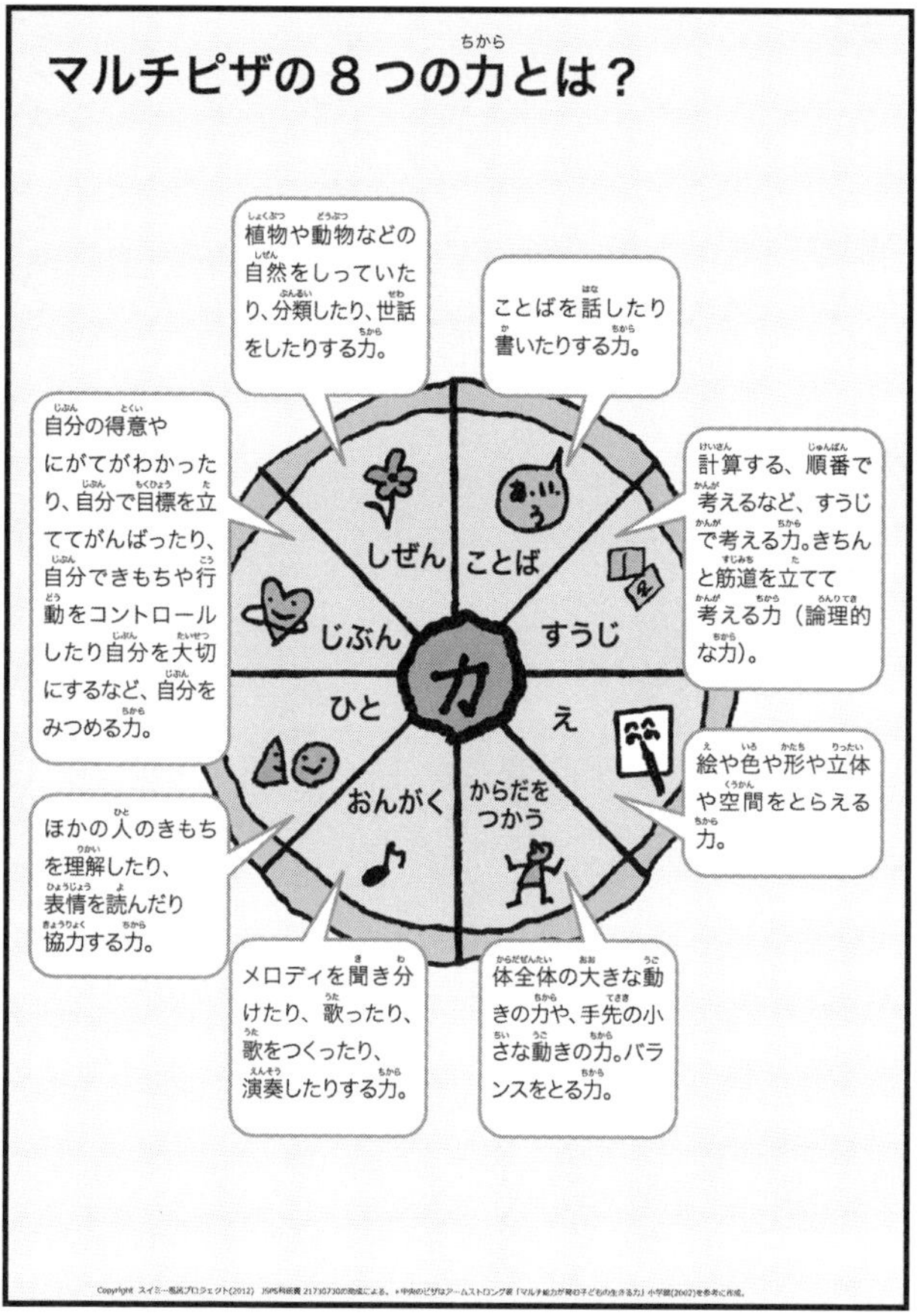

＊ピザのイラストは ArmstrongT.（2000）吉田新一郎訳（2002）『「マルチ知能」が育む子どもの生きる力』（小学館）を参考に作成

＊涌井恵編著『発達障害のある子と UD な授業づくり　学び方にはコツがある！その子にあった学び方支援』（明治図書）

7

読むことをサポートする

▼読むことの困難さ

学校の学習のほとんどが、文字を読む活動を伴います。だから、読むことに困難さがある子供にとっては、毎日の授業がかなり苦痛なことでしょう。

知的な能力に異常がないにもかかわらず、読むことに困難があることを読字障害（ディスレクシア）と言います。その原因は様々で、診断や対応には専門家による知見が必要ですが、授業中にできる日常的な支援について触れたいと思います。

▼視覚化、聴覚化による支援

教室には、文字情報を取り入れることが苦手な子供がいるということを想定して、音声や動作、イラスト、図、動画による説明を、できるだけ添えるようにします。教師が作成する教材は、太い文字、特にゴシック体の方が、読みやすいようです。また、スリットという読書補助具を用意したり、教科書や資料を拡大したりすることで読みやすくなります。

▼音読場面での支援

小学校では、教科書を音読することがよくあります。読むことにつまずきのある子供にとっては、むずかしい課題です。授業がいやになる活動の一つでもあるでしょう。だからと言って、みんなが順番に読んでいるのに、その子だけ読まないのでは、居場所をなくしてしまいますし、自信を失うことにもなるでしょう。

読むことは苦手でも、聞くことはできることがあります。ですから、教師や友達が読んだものを再読させるとスムーズに音読できることが多いです。

また、いつも違うところを読むのではなく、同じところを読むようにすることで、つかえずに音読できるようになります。

8 書くことをサポートする

▼書くことのつまずき

書くことに困難さがあることを書字障害（ディスグラフィア）と言います。前項の読むことに加えて、書くことにも困難さがあるとディスレクシア（読み書き障害）となります。いずれも、その原因は様々です。前項同様、授業の中で教師ができる日常的な支援を挙げます。

▼板書における支援

書くことに困難さがある子供は、黒板に書かれたたくさんの文字を見るだけで、授業への意欲を失っていきます。そこで、板書の文字の色のルールを次のように決めておき、書くことが苦手な子供の書く量を絞ってあげると、板書を写すことへの抵抗感を和らげることができます。

白…必ず書く　　　　黄…赤鉛筆で書く
黄緑…書いても書かなくてもよい　　青…書かない（黒板だけに見える文字や線）

▼ノートにおける支援

ノートに文字を書くことが苦手な子供には、教師が途中まで書いてあげるという支援も考えられます。授業で書くことを、あらかじめ教師がその子のノートにある程度書いておくのです。キーワードとなる言葉や、計算の答えなどを空欄にしておき、授業の進み具合に合わせて、子供自身が書けるようにしておくのもいいです。単元名や本時の問題を書いてあげるだけでも、書こうとする意欲をもちます。

9

聞くことをサポートする

▼聞くことのつまずき

聴覚からの情報を処理することにつまずきのある子供だけでなく、「聞く」という受け身の活動が苦手な子供もいます。音声情報はすぐに消えてしまうので、記憶にとどめておくことが苦手な子供、注意が他に向いてしまう子供にとっても、「聞く」ことが難しいです。

▼言葉と時間の削減

長い話が理解しにくいのは、どの子も同じです。だから、教師の話はできるだけ少ない言葉、短い時間にします。句点を多くすると、話がわかりやすくなります。

▼視覚支援

話を聞くだけでなく、見えるようにすることで理解度は上がります。

例えば、「資料の○ページを開きましょう」と指示するとき、「○ページ」と板書するだけで、伝わりやすくなります。聴覚情報は消えてしまいますが、視覚情報は残ります。教師が説明したときに聞き逃した子供でも、後から気付くことができます。

▼聞くための環境調整

教師の説明の前に、机を整頓させたり、姿勢を正して目を教師に向けさせたりし、話を聞く体制を整えさせます。聞くための環境をつくり、心構えをもたせることで、「今は聞くとき」ということをわかるようにするということです。

また、「これから話をします。時間は○分くらいです」と言って時間の見通しをもたせることも、子供を聞くことへ集中させる支援になります。

10 話すことをサポートする

▼話すことのつまずき

「話す」つまずきには、「話せない」と、「話し過ぎる」があります。言葉が出なくなってしまう子供と、言葉は出るけれどもまとまりなく話し続けてしまう子供です。「読む」「書く」「聞く」という活動のつまずきが、おおむね自分一人の中のものであるのに対して、「話す」という活動は、相手がかかわります。つまり、「話す」ことでつまずいている子供は、まわりの子供たちとの関係にも影響することになるので、十分な配慮が必要です。

▼フォーマットの作成

どう話してよいかわからない子供のために、話型やフォーマットを示しておきます。

話型の例
「○○だと思います。理由は、○○○○」
「心に残ったことが三つあります。一つめは、○○○○」

このような話型があることで、必要なことを、的確に話せるようになります。

▼話す時間の提示

話す時間を決めておくことも手立てです。

子供に発言をさせると、延々と話し続けてしまうことや、だまったまま立ち続けてしまうことがあります。それでもじっくりと待って耳を傾けてあげることが必要なこともあるかもしれませんが、あまり頻繁にそのようなことが重なると、話し手としても、うまくいかない経験を重ねることになりますし、聞いているまわりの子供たちも、その子にマイナスのイメージをもってしまいます。

そこで、1回の発言を5秒で行うルールを設けます。教師が指で5秒を数え、時間が経つと途中でも終えるようにします。5秒ルールがあることで、途中でも話が終わりになりますし、うまく言葉が出なくても、5秒経ったら座ることができます。話し手も、聞き手も、不快な思いを続けなくて済むというわけです。

短時間で話す経験を重ねるうちに、短く的確に話す力も付くようになります。

第3章

特別支援教育の視点で教科指導へのアプローチ

CHAPTER
3

1

各教科でのつまずきに配慮する

▼各教科における障害のある子供への指導

それぞれの教科で、どの子供もねらいにせまるために、特別支援教育の視点を生かした授業づくりをする必要があります。

新学習指導要領では、各教科において、**「障害のある児童などについては、学習活動を行う場合に生じる困難さに応じた指導内容や指導方法の工夫を計画的、組織的に行うこと。」**と述べられています。

解説を読むと、通常の学級における指導や支援の更に詳しい在り方がわかります。

通常の学級においても、発達障害を含む障害のある児童が在籍している可能性があることを前提に、全ての教科等において、一人一人の教育的ニーズに応じたきめ細かな指導や支援ができるよう、障害種別の指導の工夫のみならず、各教科等の学びの過程において考えられる困難さに対する指導の工夫の意図、手立てを明確にすることが重要である。

障害のある児童などの指導に当たっては、個々の児童によって、見えにくさ、聞こえにくさ、道具の操作の困難さ、移動上の制約、健康面や安全面での制約、発音のしにくさ、心理的な不安定、人間関係形成の困難さ、読み書きや計算等の困難さ、注意の集中を持続することが苦手であることなど、学習活動を行う場合に生じる困難さが異なることを留意し、個々の児童の困難さに応じた指導内容や指導方法を工夫すること

(…以下略)

これらの説明と共に、それぞれの教科の解説では、具体的な配慮の仕方についても記載されています。

この配慮例は、**「困難さ」「指導の工夫の意図」「手立て」**で示されています。

各教科の配慮例については、次項以降にまとめました。これらを読むことで、各教科の特性による困難さ、それに応じた指導や支援の仕方がわかります。

また、各教科の解説の中には、次のような事項が加えられています。

○目標や内容の趣旨、学習活動のねらいを踏まえ、学習内容の変更や学習活動の代替を安易に行うことがないよう留意すること
○児童の学習負担や心理面にも配慮する必要があること
○個別の指導計画を作成し、必要な配慮を記載し、翌年度の担任等に引き継ぐこと

いずれも授業を行う上で、通常の学級の教師が気に留めておかなければいけないことです。

学習指導要領　特別支援教育の改訂ポイント

★総則に加え，全ての教科等における「指導計画の作成と内容の取扱い」の中に

障害のある児童などについては，学習活動を行う場合に生じる困難さに応じた指導内容や指導方法の工夫を計画的，組織的に行うこと

という記述が加わりました。

★特別支援学級や通級による指導を受けている児童については，個別の教育支援計画や個別の指導計画を作成し，効果的に活用するよう定められました。

今までも障害のある児童について個別の教育支援計画や個別の指導計画を作成するよう努める旨の記載はありましたが，更に進めた記述となりました。

通級による指導とは，障害の程度が比較的軽度で，通常の学級に在籍しながら，障害の状況等に応じた特別の指導を特別の場（通級指導教室）で行うことです。

2 国語でのつまずきに配慮する

▼学習指導要領解説における国語での配慮例

学習指導要領第2章第1節「国語」では、第3の1の(9)において、障害のある児童についての対応が述べられています。そして解説には、三つの困難さについての指導例が示されています。次のように整理してみました。

【困難さの状態】文章を目で追いながら音読するのが難しい。
【指導上の工夫の意図】自分がどこを読むのかがわかるようにする。
【手立て】
・教科書の文を指等で押さえながら読むように促す。

・教科書の必要な箇所を拡大コピーして行間を空ける。
・語のまとまりや区切りがわかるように分かち書きをしたものを用意する。
・読む部分だけが見える自助具（スリット等）を活用する。

認知や視覚の特性のために、文字や文章を読むのが難しい子供がいます。そんな子供は、読む箇所を見やすくすると読みやすくなります。ただ、スリットなどの自助具は、それ自体が気になってしまったり、扱い方が難しかったりするので、指で押さえることや、ミニ定規などをあてる方が、やりやすいこともあるようです。


【困難さの状態】自分の立場以外の視点で考えたり、他者の感情を理解したりするのが難しい。

【指導上の工夫の意図】文章に表れてくる気持ちやその変化等がわかるようにする。

【手立て】
・行動の描写や会話文に含まれる気持ちがよく伝わってくる語句等に気付かせる。

・気持ちの移り変わりがわかる文章のキーワードを示す。
・気持ちの変化を図や矢印などで視覚的にわかるように示してから言葉で表現させる。

察することが苦手な子供は、物語教材などでの登場人物の気持ちなどを推測することが苦手です。例えば、「うっとり」という言葉が、美しいものを見ている様子を表すことがわからないこともあるでしょう。さらに、「美しい」という感覚がわかりにくい子供もいるかもしれません。こうした言葉が使われる状況が、「きれいなものを見ていいなと思っている」であると、より子供にもわかりやすい言葉で言い換えることが必要です。

こうした心情理解のための支援は、文章の読解だけでなく、日常の人とのかかわりでも役立つソーシャルスキルトレーニングにもつながります。

【困難さの状態】声を出して発表することに困難がある。人前で話すことに不安を抱いている。
【指導上の工夫の意図】自分の考えをもつことや表すことに対する自信をもつことが

できるようにする。

【手立て】
・紙やホワイトボードに書いたものを提示する。
・ＩＣＴ機器を活用する。

教室には人前で話すこと、声を出すことが困難な子供がいます。そういう子供のためにも、「話す」以外の代替手段が用意できていることが望ましいです。

中教審答申の別紙７「特別支援教育の充実を図るための取組の方向性」には、次のような配慮例も挙げられています。


【困難さの状態】自分の考えをまとめたり、文章の内容と自分の経験を結び付けたりすることが難しい。

【指導上の工夫の意図】どのように考えればよいかわかるようにする。

【手立て】

・考える項目や手順を示した学習計画表やプリントを準備する。
・一度音声で表現し、実際にその場面を演じる活動を行った上で書かせる。

国語の問題には、簡単に思えるものでも、実は複雑な行程を得て、答えにたどり着くものがあります。「外から情報をインプットする」「頭の中で考える」「外へ情報をアウトプットする」といった行程を丁寧に示し、スモールステップで学習を進めていけるような支援が、多くの子供に役立ちます。

▼教室でみかける国語の授業でつまずく子供

国語の授業をしていて、教室でよくみかけるのは、書くことが苦手な子供の苦労です。特に、漢字練習の場面で見受けられます。

発達性協調運動障害の子供は、微細な作業が苦手なことがあります。本人は、がんばっているのに、丁寧な字がなかなか書けません。たまに、すごくがんばってていねいな文字を書くと、「やればできるでしょ」と、そのがんばりを更に強要されてしまいます。

そんな子供のノートは、辛い思いの集大成です。当然、授業は嫌いになりますし、自分にも自信がもてなくなります。

たくさん書くことで覚えたり、書く力が付いたりする子供は確かに多いと思います。しかし、それが高い壁になって、前に進みにくくなってしまう子供もいます。子供に合わせて書く量を調整することも考えたいです。

▼教室でみかける国語の授業で活躍する子供

静かに座っていることが苦手な子供にとって、音読は、声を出せる貴重な学習場面です。国語の音読は、声を出したい子供にとっては、自分を生かせる絶好の場面になります。

声は出したいけれど、文章を読むのは好きでない子供には、できるだけ速く読む「スピード音読」がおすすめです。速くという目標が、子供のやる気に火をつけます。速く読むためには、当然しっかりと読めないといけないので、自然と繰り返し練習し始めます。

スピード音読で、読むことに抵抗を失くしてから、抑揚をつけたり、感情をこめたりして読むようにすれば、声を出したい子供が更に活躍できるようになります。

3

社会でのつまずきに配慮する

▼学習指導要領解説における社会での配慮例

学習指導要領第2章第2節「社会」では、第3の1の(4)において、障害のある児童などについての指導が示されています。そして、解説には、四つの困難さについての指導例が示されています。次のように整理してみました。


【困難さの状態】地図等の資料から必要な情報を見付け出したり、読み取ったりすることが難しい。

【指導上の工夫の意図】読み取りやすくする。

【手立て】

・地図等の情報を拡大する。
・見る範囲を限定する。
・掲載されている情報を精選して、視点を明確にする。

地図など、社会で使われる資料は、授業のために作られているものではないことが多いです。時には、授業用に作り直したり加工したりして、必要な情報を読み取りやすくすることが必要です。

必要なところを大きくする、必要なところだけを見せるという手立てが有効です。また、必要なところをあえて隠してから提示することも、子供の注意を焦点化するテクニックです。

【困難さの状態】社会的事象に興味・関心がもてない。
【指導上の工夫の意図】その社会的事象等の意味を理解しやすくするため、社会の動きと身近な生活がつながっていることを実感できるようにする。

【手立て】
・特別活動などとの関連付けなどを通じて、実際的な体験を取り入れる。
・学習の順序をわかりやすく説明し、安心して学習できるように配慮する。

人の姿を学ぶ社会の学習内容は、子供が日頃生きている社会生活とのつながりが深い学習です。教科書や資料の世界を子供の日常生活と結び付けて考えることで、理解が深まります。

特に、日頃、集団生活を営む教室の光景は、社会の体験学習とも言えます。学級会や係・当番活動など、教室をよりよくしようとする特別活動の目的や内容と、社会の学習内容とを重ね合わせて考えることが子供の学習理解につながります。

【困難さの状態】学習問題に気付くことが難しい。
【指導上の工夫の意図】社会的事象等を読み取りやすくする。
【手立て】

・写真などの資料や発問を工夫する。

社会には、学年が進むにつれて、学習内容が身近な事象から遠ざかっていくという特性があります。推測することが苦手な子供にとっては、自分とかけはなれた世界の学習になり、なかなか関心が高まりません。

そんな子供のために、調べる段階ばかりでなく、導入場面での資料の活用が望まれます。特に、写真やイラストの資料が、事象の理解に役立ちます。社会の教科書や資料集は、冒頭に写真やイラストが載せられています。これらの資料をていねいに扱うことで、意欲や関心が向きにくい子供にも、問題意識をもたせるようにします。

【困難さの状態】情報収集や考察、まとめの場面においてどの観点で考えるのかが難しい。
【手立て】
・ヒントが記入されているワークシートを作成する。

調べたこと、考えたことを整理して文章で表すときには、使いたいキーワードを提示したり、文型を示してあげたりすることで、思考や表現を促すことができます。

▼教室でみかける社会の授業でつまずく子供

社会の学習では、たくさん出てくる言葉や文章に、戸惑っている子供をよくみかけます。学年を追うごとにこうした言葉は多くなり、文章は難しくなってきます。言葉を覚えることや文章を読み取ることに困難がある子供には、とても厳しい教科です。

そこで、できるだけ社会の用語や文章になじめるように、国語のように教科書を音読させる機会をもてるとよいです。

また、授業のはじめに地名や歴史人物などの社会科用語のフラッシュカードなどを行い、繰り返し見たり、唱えたりすることで、難しい言葉への抵抗感を和らげられます。

▼教室でみかける社会の授業で活躍する子供

発達障害のある子供の中には、覚えることが得意で、興味のある特定のことについて知識が豊富なことがあります。社会的なことに興味が向いている子供にとっては、社会の授業は、たくさんの知識を披露できるうれしい時間となります。

ただ、こうした子供の中で、周りの状況をつかむのが苦手な子供は、予想をしたり、これから調べようとしていたりするときに、知っている答えを言ってしまい、周りから疎まれてしまうことがあります。

知識の豊富な子供が大いに知っていることを発っせられるように、例えば、「調べてわかったことは鉛筆、もともと知っていることは赤鉛筆、予想したり考えたりしたことは青鉛筆で書こう」と、ノートを書くときのカラーコードを決めておくとよいです。こうすると、赤鉛筆が多いノートの子供の知識をほめ、認めてあげることができます。同時に、鉛筆や青鉛筆の文字から、調べることや考えることの価値にも気付かせることができます。

4 算数でのつまずきに配慮する

▼学習指導要領における算数での配慮例

算数では、学習指導要領第2章第3節「算数」では、第3の1の(5)において、障害のある児童への指導が示されています。そして解説には、四つの困難さについての指導例が示されています。次のように整理してみました。


【困難さの状態】「商」「等しい」など、児童が日常生活で使用することが少なく、抽象度の高い言葉の理解が難しい。

【指導上の工夫の意図】児童が具体的にイメージをもつことができるようにする。

【手立て】

・児童の興味・関心や生活経験に関連の深い題材を取り上げる。
・既習の言葉やわかる言葉に置き換える。

「時刻」「道のり」「かさ」など、算数では、子供の身近にあることを、普段使わないような言葉で説明します。例えば、おにぎりの形を、子供たちは、「さんかく」と表現しますが、算数の世界では誤りです。三つの直線で囲まれた図形が三角（形）です。言葉のあいまいさが、算数の学習を理解しにくいものにすることがあります。

「角の大きさ」という言葉では、イメージできない子供が、「どっちがとがっている？」「坂道が急なのはどれ？」などと聞くことでわかるようになることがあります。算数の授業で使われる言葉を、子供が正しくイメージできているかどうか、もし難しいようならば、どの言葉なら理解しやすいのかを見取ることが求められます。

【困難さの状態】文章を読み取り、数量の関係を、文字式を用いて表すことが難しい。
【指導上の工夫の意図】児童が数量の関係をイメージできるようにする。

【手立て】

・児童の経験に基づいた場面や興味ある題材を取り上げる。
・解決に必要な情報に注目できるように印を付ける。
・場面を図式化する。

算数嫌いな子供は、数字や図を見るだけ嫌悪感を示します。実際はそんなに難しい問題でなくても、思考をシャットアウトしてしまうこともあるようです。

取り上げる題材を、子供の関心のあるものや、身近なものにすることで、意欲や理解を促すことができます。「500−350」はすぐにできないけれど、「500円持っていて、350円使うとおつりは?」と聞くと答えられる子供がいます。お金の方が、身近で、数量がイメージしやすいからだと思われます。

しかし、取り上げる題材によっては、子供の思考が別の方に流れてしまうことがありました。子供の好きなカードゲームの枚数を問題にしたところ、遊びの方に気が向いてしまったということがありました。題材選びには、子供の実態に応じた対応が必要です。

【困難さの状態】空間図形のもつ性質を理解することが難しい。

【指導上の工夫の意図】空間における直線や平面の位置関係をイメージできるようにする。

【手立て】
・立体模型で特徴ある部分を触らせるなどしながら、言葉でその特徴を説明する工夫をする。
・見取り図や統計図を見比べて位置関係を把握する工夫をする。

空間認識が苦手な子供にとっては、平面で示された立体をイメージすることはかなり難しいようです。模型など具体物を示す手立てが不可欠です。

ただし、物があることによって、気持ちがそれてしまったり、うまく扱えなかったりなど別の課題が生じることがありますので、提示の仕方には、気を付けなければいけません。


【困難さの状態】データを目的に応じてグラフで表すことが難しい。

【指導上の工夫の意図】目的に応じたグラフの表し方があることを理解する。
【手立て】
・折れ線グラフで同じデータについての縦軸の幅を変えたり、ヒストグラムでは階級の幅を変えたりするなど、複数のグラフを見比べることなどを通して、よりよい表し方に気付かせる。

目の機能の問題で、細かいところを見にくい子供がいます。また、不器用な子供は、線を引いたり、印を付けたりすることが難しいです。

グラフを扱う時は、読み取りの困難さだけでなく、細かいめもりや線を正しく見たり、記したりすることの困難さも考慮する必要があります。

▼教室でみかける算数の授業でつまずく子供

算数では、二つの困難さをよくみかけます。一つは、計算が苦手な子供です。算数は、積み上げが必要な教科です。一度つまずいてしまうと、毎時間、つらい思いをすることになります。そんな子供には、計算機を使ったり、九九の表を渡したりして、計算技能を補います。もう一つは、定規やコンパスをうまく扱えない子供です。不器用で手先を上手に使えない子供は、作図や測定がうまくできません。最近は、使いやすいコンパスや分度器がありますので、そうした学習道具を用意しておきます。

▼教室でみかける算数の授業で活躍する子供

算数は、比較的答えがはっきりと導き出される教科です。あいまいなことの判断が苦手な子供にとっては、一つの答えに向かっていく算数は、戸惑うことなく学べる学習です。また、文字の読み書きが苦手な子供にとっても、たくさんの文や文字を書かないで済む算数には、学びやすさがあります。

算数においても、自分の考えや答えをきちんと文章で表すことは大切です。しかし、時にはそうした側面には目をつむり、計算処理や作図などで力を発揮できる子供が活躍できる機会も大事にしたいです。

5

理科でのつまずきに配慮する

▼学習指導要領解説における理科での配慮例

学習指導要領第2章第4節「理科」では、第3の1の(3)に障害のある児童への対応が書かれています。その解説や、中教審答申の別紙7「特別支援教育の充実を図るための取組の方向性」に、困難さについての指導例が示されています。次のように整理してみました。


【困難さの状態】実験を行う活動において、実験の手順や方法を理解することが難しい。

【指導上の工夫の意図】学習の見通しがもてるようにする。

【手立て】
・実験の目的を明示する。

・実験の手順や方法を視覚的に表したプリント等を掲示したり、配布したりする。

たくさんのことを記憶にとどめておけない子供、順を追って作業をすることが苦手な子供、目の前の活動に夢中になりすぎてしまう子供にとって、実験を手順通りに進めることは困難なことです。実験のめあてや手順は、視覚的に示し、掲示しておくとよいです。


【困難さの状態】燃焼実験のように危険を伴う学習活動において、危険に気付きにくい。

【手立て】
・教員が確実に様子を把握できる場所で活動できるようにする。

安全管理は、最優先事項です。実験を行う場所、使う実験器具の数、グループの人数など、まずは安全上の観点から、決めていかなければいけません。

もし担任一人で行うことが心配な場合は、他の教師の応援をお願いすることも必要です。

【困難さの状態】自然の現象としての雲を観察する活動において、雲の変化等のように時間を要するような観察をすることが難しい。

【指導上の工夫の意図】変化に着目し、理解することができるようにする。

【手立て】
・観察するポイントを示す。
・雲の変化を短時間にまとめたＩＣＴ教材を活用する。

実物を見ることが大事なことはもちろんですが、写真や動画の方がわかりやすいこともあります。最近では、インターネット上にも教材となるコンテンツがたくさんあります。ＮＨＫのサイトには、たくさんのビデオクリップが用意されています。

▼教室でみかける理科の授業でつまずく子供

理科の学習では、実験場面でのトラブルをよく目にします。

実験器具を一人で一つ使えるときは問題ありませんが、二人で一つ、グループで一つ使うようなときには、自分のやりたいことを抑えられない子供や、友達とのかかわり方がうまくいかない子供が、トラブルになったり、注意や叱責を受けてしまったりしがちです。

自分たちで協力し、折り合いをつけながら実験することが困難な場合には、グループのメンバーに番号を付け、それぞれの役割を明確にしておくとよいです。

▼教室でみかける理科の授業で活躍する子供

理科の学習の醍醐味は、観察や実験をして、実物に触れることができることです。机上の学習には消極的でも、こうした体験活動では生き生きとする子供がいます。

実験や観察も、目的をもっての活動ではありますが、たくさんやってみたり、見てみたりして気付くこともあります。学習内容や安全管理を考慮しながらも、子供が思う存分、実物に触れ、試行錯誤できる時間も、確保できるとよいです。

6

生活でのつまずきに配慮する

▼学習指導要領解説における生活での配慮例

学習指導要領第2章第5節「生活」では、第3の1の(5)に障害のある児童への対応が記されています。その解説に示されている四つの困難さについての指導例を、次のように整理しました。


【困難さの状態】言葉での説明や指示だけでは、安全に気を付けることが難しい。

【指導上の工夫の意図】その説明や指示の意味を理解し、なぜ危険なのかをイメージできるようにする。

【手立て】

・体験的な事前学習を行う。

判断力が弱い低学年の子供がたくさん動き回る生活の学習活動においては、安全面の配慮が特に求められます。障害のある子供については尚更です。

子供の思いや気付きを大事にしたい教科ですから、あまりかっちりとした活動の道筋は作りたくありませんが、安全面を考慮した場合、事前のリハーサルや練習などを十分に行うことが必要です。

【困難さの状態】みんなで使うもの等を大切に扱うことが難しい。
【指導上の工夫の意図】大切に扱うことの意義や他者の思いを理解できるようにする。
【手立て】
・学習場面に即して、児童の生活経験等も踏まえながら具体的に教える。

道具の使い方、公共物の扱い方など、生活経験が浅い子供に体験を通して学ばせていくことが、生活の役割の一つであろうと考えます。

察することが苦手な子供は、こうした公共性や社会性が十分身に付いていないことが考えられます。生活の時間は、こうしたスキルを身に付ける時間であるとも考え、多少、手はかかりますが、この機に時間をかけてていねいに指導をしていきたいところです。

【困難さの状態】自分の経験を文章にしたり、考えをまとめたりすることが難しい。
【指導上の工夫の意図】児童がどのように考えればよいのか、具体的なイメージを想起しやすいようにする。
【手立て】
・考える項目や順序を示したプリントを準備する。
・事前に自分の考えたことを言葉や動作で表現してから文章を書くようにする。

【困難さの状態】学習の振り返りの場面において学習内容の想起が難しい。

【指導上の工夫の意図】学習経過を思い出しやすいようにする。
【手立て】
・学習経過などのわかる文章や写真、イラスト等を活用する。

自分の思いや体験を言葉にすることが苦手な子供や、書きたいことはあっても文字を書くことが不得手な子供が、文章を書く場面でつまずいてしまい、せっかくの体験や気付きが生かされないことがあります。

解説に示された手立ての他にも、文章の書き出しや型を示したり、穴埋めにしたりするような支援を行うことで、その子の生活としての学びを大事にすることができます。

▼教室でみかける生活の授業でつまずく子供

生活の学習は、国語や算数に比べて、自由度の高い学習です。

あいまいなことを解釈することが苦手な子供にとっては、学びにくい学習だと考えられます。何をどこまでやってよいかわからず、活動が進まなかったり、本来やるべきことではないことをやってしまったりします。

また、多動傾向のある子供が、ついやりすぎてしまい、注意を受けるということもよくあります。

例えば「秋をさがそう」という単元の中で、校外の公園にでかけます。どんぐりや紅葉した葉を拾ってほしいところですが、石ころやBB弾を探すことに熱中してしまう子供もいます。つい目に入った遊具で遊びだしてしまう子供もいます。こうした活動は、秋探しとはいえなくなってしまいます。

自発的な活動や気付きを大事にしたい生活ではありますが、そのような心配がある場合には、物を指定する、数や場所を限定する、順番を決めるなど、子供の活動の幅をあまり広げず、構成的に授業を進める方が、うまく進みます。

また、教師の指示で動く場面と自分の思いで動く場

面のメリハリをつけられるとよいです。子供に活動を任せる場合には、事前に活動の場所や内容の範囲をしっかり示しておけるとよいでしょう。

▼教室でみかける生活の授業で活躍する子供

生活の授業のよさは、自分の席から、時には、教室から離れて活動することができることです。じっと座っていることが苦手な子供にとっては、魅力的な教科です。また、鉛筆やノート以外のものに、ふれることができる機会でもあります。

日頃は、がまんして席に座っている子供が、動き回ったり、触れ合ったりする時間を十分とれるようにしていきたいです。

7

音楽でのつまずきに配慮する

▼学習指導要領解説における音楽での配慮例

学習指導要領第2章第6節「音楽」では、第3の1の(7)において、障害のある児童への対応が示されています。その解説や中教審答申の別紙7「特別支援教育の充実を図るための取組の方向性」にある指導例を、次のように整理しました。


【困難さの状態】音楽を形作っている要素（リズム、速度、旋律、強弱、反復等）の聴き取りが難しい。

【指導上の工夫の意図】音楽的な特徴をとらえやすくする。

【手立て】

・音楽に合わせて一緒に拍を打ったり体を動かしたりするなどして、音楽的な特徴を視覚化、動作化する。

音楽は、情報を耳で受け取ることが主となる学習です。音楽のよさを感じにくい子供がいたら、聴覚による認知の困難さと関係していることが考えられます。視覚的な手がかりや動作化による理解を促すことが、音楽を学びやすくする支援になります。


【困難さの状態】多くの声部が並列している楽譜など、情報量が多く、自分がどこに注目したらよいのか混乱しやすい。

【指導上の工夫の意図】視覚的に情報を整理するようにする。

【手立て】
・拡大楽譜などを用いて声部を色分けする。
・リズムや旋律を部分的に取り出してカードにする。

音楽で使われる楽譜は、普段見慣れていない上に、情報量が多いです。五線譜に引かれているすきまの小さい線を読み取ることが難しい子供もいます。楽譜の存在が、音楽への関心を遠ざけてしまうこともあります。その子に合わせて加工した楽譜を用意することが、音楽への思いにつながることでしょう。


【困難さの状態】音楽を聴くことによって自分の内面に生まれる様々なイメージや感情を言語化することが難しい。

【指導上の工夫の意図】表現したい言葉を思い出すきっかけとなるようにする。

【手立て】
・感情やイメージを表す形容詞などのキーワードを示し、選択できるようにする。

感じていることを言葉に表すことは、大人でも難しいものです。特に、芸術系のものになれば、感じたことをうまく言い表す言葉が、思い浮かばないことはよくあります。「高い」「低い」「やさしい」「はげしい」など、イメージを表す言葉を事前に提示することが、自分の感じたことを言語化するのに役立ちます。

▼教室でみかける音楽の授業でつまずく子供

音楽の授業では、特に楽器の扱いでつまずいている子供がみられます。鍵盤ハーモニカやリコーダーなどは、どの子も取り組むので、得手不得手がはっきりとしてしまいます。楽器を苦手にする子供には、主に二つの要因を感じます。不器用さからくるものと、楽譜の読み取りによるものです。

微細な運動を苦手にしている子供にとって、鍵盤やリコーダーはかなり難しい道具です。まわりと比べるのではなく、その子なりのスモールステップを認め、励ましていきたいです。合格シールなどを設ける際にも、その曲ができたら一枚というのではなく、いくつかのステップに分けて、シールを貼れるようにすると、一曲全部は演奏できない子供でも、自信ややる気をもてることでしょう。

楽譜が読み取れず、楽器の操作を誤ってしまう子供には、その子が読めるように楽譜に加筆します。階名を記すことでできる子供もいますが、日頃から馴染みのあまりない階名では、まだわからない子供もいます。鍵盤やリコーダーの穴と連動した数字が楽譜に書いてあると、演奏しやすい子供もいます。数字よりも、色で表す方が弾ける子供もいます。それぞれの子供が読み取りやすい楽譜の表し方を見付けられると、合格シールの数が増えます。

▼教室でみかける音楽の授業で活躍する子供

子供は、家族でカラオケに行ったり、遠足のバスで歌ったりすることが大好きです。高学年になるとまわりの目を気にして、声が出なくなることもありますが、好きなアーティストやアイドルの曲は、夢中で聴いています。つまり、子供の多くは、基本的に音楽が好きなのです。

また、学校の学習は、インプットすることも、アウトプットすることも、読む、書く、話す、聞くといった言葉や文章を媒介にすることが多いです。けれども、音楽の時間には、文字や言葉ではなく、音や曲を聴き、表現することになります。読み書きが苦手な子供でも、インプットしたり、アウトプットしたりできることが、他の教科にあまりない音楽のよさだともいえます。

上手な歌声や演奏を求めてしまうこともありますが、音楽のもつよさや楽しさを大事にした授業を考慮してきたいです。

音楽の授業での工夫例

鍵盤ハーモニカやリコーダーなど楽器の扱いが苦手な子供には鍵盤にシールを貼ろう

音楽のもつ楽しさを大事にしよう

8

図工でのつまずきに配慮する

▼学習指導要領解説における図工での配慮例

学習指導要領第2章第7節「図工」では、第3の1の(8)において、障害のある児童への指導が記されています。

その解説には、二つの配慮の例が示されています。次のように整理しました。

【困難さの状態】変化を見分けたり、微妙な違いを感じ取ったりすることが難しい。
【指導上の工夫の意図】造形的な特徴を理解し、技能を習得するようにする。
【手立て】
・児童の経験や実態を考慮して、特徴がわかりやすいものを例示する。

・多様な材料を用意したり、種類や数を絞ったりする。

【困難さの状態】形や色などの特徴をとらえることや、自分のイメージをもつことが難しい。

【指導上の工夫の意図】形や色などに気付くことや自分のイメージをもつことのきっかけを得られるようにする。

【手立て】
・自分や友人の感じたことや考えたことを言葉にする場を設定する。

小さな変化や違いに気付くことが苦手な子供がいます。イメージをもつことが苦手な子供がいます。

そんな子供には、わかりやすいものにする、たくさんのものを用意する、反対に、扱うものを絞る、ヒントになるものを提示するなどの配慮があると、活動がしやすくなります。

▼教室でみかける図工の授業でつまずく子供

図工の特徴の一つが、自分の発想やイメージをもって取り組むことです。形に縛られず、やりたいことができるので、多く子供に人気がある教科ですが、反対に、自由度の高い学習で何をしてよいかわからず、苦労する子供もいます。

そんな子供には、作品のモデルやアイデアとなるものを提示したり、作業の工程を詳しく教授したりするような配慮があるとよいです。

また、表現したい思いはあるのに、不器用さからそれをうまく表現できず、くやしい思いを重ねる子供もいます。

子供の発想や表現活動を大事にしたいですが、こう

図工で考えられる指導の工夫例

クレヨンで描いてから塗るなど工程を詳しく示そう。
実物を見せ，触れさせてみよう。
絵の具の出し方，塗り方など道具の使い方も教えよう。

すれば、こんな作品ができあがるというような技能的な指導や練習を取り入れることで、より楽しく、自信をもって創作活動ができるようになる子供もいます。

▼教室でみかける図工の授業で活躍する子供

図工の楽しさに、作りたいものが作れる、描きたいものが描けるといった自由度の高さが挙げられます。他の教科は、どうしてもそろえてやらなければいけないことが多く、活動の幅が広い図工は、子供たちに人気の教科です。

また、音楽と同様に、言語を媒介に活動するわけではないので、読み書きを苦手にしている子供にとっては、思い切り自分を出せる場になります。

他教科ではいきいきと学習できない子供が、自分を存分に発揮できる学習の場は、大いに大切にしたいものです。

9

家庭でのつまずきに配慮する

▼学習指導要領解説における家庭での配慮例

学習指導要領第2章第8節「家庭」では、第3の1の(6)に、家庭における障害のある児童への指導が述べられています。

その解説に記されている配慮の例を、次のように整理してみました。

【困難さの状態】学習に集中したり、持続したりすることが難しい。
【指導上の工夫の意図】落ち着いて学習することができるようにする。
【手立て】
・道具や材料を必要最小限に抑えて準備する。

・整理・整頓された学習環境で学習できるように工夫する。

【困難さの状態】活動へ関心をもつことが難しい。
【手立て】
・約束や注意点、手順などを視覚的にとらえられる掲示物やカードを明示する。
・体感できる教材・教具を活用する。

扱う道具が多いため、他の授業よりも子供の注意が他のところへ行ってしまいやすいです。高学年だからと、大まかにせず、スモールステップで進めたり、具体的に指示を出したりする配慮が効果的です。

【困難さの状態】周囲の状況に気が散りやすく、包丁、アイロン、ミシンなどの用具を安全に使用することが難しい。

【指導上の工夫の意図】手元に集中して安全に作業に取り組めるようにする。
【手立て】
・個別の対応ができるような作業スペースや作業時間を確保する。

安全対策には、場と時間を十分に確保することと共に、人的な配置も必要です。授業者が一人で行うのではなく、校内の先生に応援を頼んだり、保護者に手伝ったりしてもらい、しっかりと目を配り、手を貸せる状況で、学習できるようにします。

▼教室でみかける家庭の授業でつまずく子供

家庭では、被服の製作、いわゆる裁縫でのつまずきが一番気になるところです。不器用さのある子供は、針や糸を使った細かい作業が、本当に苦手です。

裁縫は、出来上がる作品の良し悪しがはっきりしていて、まわりと比べてうまくできないと、家庭の学習への思いが後ろ向きになってしまいます。子供の様子によっては、「できた」という喜びを感じさせるためにも、大人が手伝ってあげて、作品を完成させることが必要なこともあります。

▼教室でみかける家庭の授業で活躍する子供

調理や被服製作では、完成した姿がはっきりしていて、きっちりと粘り強く仕上げていく力が求められます。日頃、こだわりの強い子供は、こういう活動を嫌がらず、最後までやりとげることを得意とします。

調理や被服製作の場面では、こだわりをもって作業することができる子供のよさがみんなに認められる場にしたいです。

また、家庭は、ものを食べることができる唯一の教科です。ですから、調理の場面を楽しみにしている子供がたくさんいます。

読み書きは苦手でも、料理の場面では、日頃から家で手伝いを重ねていて、思わぬ力を発揮する子供もいます。

そんな子供たちの活躍する機会を見逃さず、認めてあげる機会にしたいものです。

10

体育でのつまずきに配慮する

▼学習指導要領解説における体育での配慮例

体育では、学習指導要領第2章第9節「体育」では、第3の1の(6)に、障害のある児童について明記されています。

そして、その解説には、運動領域と保健領域での配慮の大切さと、二つの配慮が例示されています。次のように整理してみました。

【困難さの状態】複雑な動きをしたり、バランスを取ったりすることに困難がある。
【指導上の工夫の意図】極度の不器用さや動きを組み立てることに苦手さがある。
【手立て】

・動きを細分化して指導する。
・適切に動きを補助しながら行う。

運動が苦手な子供の中には、目、手、足を協調させて動かすことができない子供がいます。発達性協調運動障害の子供です。

こういう困難さがある子供には、運動をいくつかに分けて習得させてから組み合わせることでできるようになることがあります。例えば、なわとびならば、跳ぶ動作、手を回す動作、手首を動かす動作を別々に習得させてから、それらの動きを合わせる練習をします。

また、適切な補助によって動きの感覚をつかませることも大事です。

子供任せにして、苦手意識が強くなるのを防ぐために、スモールステップで「できた」という喜びや自信をもたせたいです。

【困難さの状態】勝ち負けにこだわったり、負けた際に感情を抑えられなかったりする。
【指導上の工夫の意図】活動の見通しがもてなかったり、考えたことや思ったことをすぐに行動に移してしまったりすることがある。
【手立て】
・活動の見通しを立ててから活動させる。
・勝ったときや負けたときの表現の仕方を事前に確認する。

自分の気持ちをうまく抑えられない子供は、負けたり、うまくいかなかったりしたときに、思いが高まりすぎてしまいます。ですから、まわりにあたったり、自分の感情を大声や行動で吐き出したりします。

また、友達と意見を合わせることが苦手な子供には、団体競技やチームプレイでのトラブルも多くみられます。

人とのかかわりの中で、折り合いをつけたり、協力して取り組んだりすることは、子供が、今後社会生活を営むために身に付けなければいけない技能です。体育を、こうしたソーシャルスキルを身に付けるための場ととらえ、ていねいに指導をする必要があります。

体育の授業に入る前に、事前に結果を予想してみたり、そうなったときの対応策を先に示したりしておくことで、感情をうまくコントロールして、対応できるようになります。

特に高学年では、先生が全て決めてしまうのではなく、子供たち自身で話し合わせて、方法や審判役、チーム構成などを決める方が、納得して受け入れられるようです。

▼教室でみかける体育の授業でつまずく子供

体育の授業は、教室での授業と違って、得手不得手の差がはっきりと出ます。国語や算数の問題が解けなかったり、テストでよい点数が取れなかったりしても、多くは自分のノートやプリントでのことなので、まわりの子供に見られなくてもすみます。しかし、体育の技能が苦手なことは、みんなの前で行われるので、はっきりとわかってしまいます。チームでプレイし、勝敗がかかわってくるボールゲームなどで、苦手さのある子供がまわりの友達から厳しい目で見られることは避けたいです。

何事にも得手、不得手はあるという事実や、まわりと比べるのではなく、自分の伸びに目を向けるという意識を、日頃から子供と共有することで、運動が苦手な子供も、参加しやすい授業づくりを心がけたいです。

▼教室でみかける体育の授業で活躍する子供

教室を離れて、体を動かせる体育は、子供に一番人気の教科です。運動が得意でない子供でも、体育を好きな教科に挙げる子供が多いです。

しかし、教室での学習で、いい加減なことをしていたり、不適切な行動をしていたりする子供が、体育のときばかりやる気を出しても、教師としては受け入れがたいかもしれません。「教室ではふざけている」「ノートをとらない」「宿題をやらない」こんな子供たちが、自分の好きな体育ばかり、楽しそうにやろうとしているところを見ると、教師は果してそれでいいのかという思いに駆られ、つい小言が多くなってしまうことでしょう。

また、体育着や赤白帽子を忘れたことで、見学になってしまうこともあります。

確かにやりたいことをやるためには、やるべきことをやらないといけません。こうした態度を小学校の頃に身に付けさせるのも大事なことです。

しかし、いつもこういうことが続いてしまうと、座学が苦手な子供、物の管理ができない子供は、数少ない自分の活躍できる授業を奪われてしまうということにもなります。

学習習慣や態度を育てる場面と、体育の指導の場面は、同じでなくてもよいはずです。好きな学習で思いっきり活動し、気持ちを充足させることで、苦手な活動への意欲も高めていけるようなサイクルを作る方が効果的かもしれません。

・複雑な動きをしたり，バランスを取ったりすることが苦手

・勝ち負けにこだわったり，負けた際に感情を抑えるのが苦手

☆忘れ物には寛容に…

11

道徳でのつまずきに配慮する

▼学習指導要領解説における道徳での配慮例

学習指導要領第3章特別な教科道徳では、第2節の2「道徳科における評価」の(5)に発達障害のある児童に対する指導上の工夫や評価の際の配慮が書かれています。次のように整理してみました。

【困難さの状態】相手の気持ちを理解することが苦手で、字義通りの解釈をする。
【指導上の工夫の意図】他者の心情を理解する。
【手立て】

・役割を交代して動作化や劇化した指導を取り入れる。

人の心情について考える道徳は、相手の気持ちを理解することが苦手な子供にとって、苦労の多い教科です。教材の文章だけは気付くことができないことも多いので、心情理解に迫る手立てが必要です。

▼教室でみかける道徳の授業でつまずく子供

人の気持ちをうまく理解できなかったり、それなりにつかんではいても、どう表現してよいかわからなかったりする子供は、道徳の授業に参加しづらいです。

そんな子供のために、表情カードを活用します。

教室で日常的に使っているものは、次のようなマークで、それぞれ、「にこ」「えん」「ぷん」「へえ」「よし」「おや」と、2文字の名称がついています。

例えば、「ごめんなさい」という言葉でも、そのときの心情が、笑顔なのか、悲しいのか、不満なのかによって、ニュアンスがずいぶん違います。教材に出てくる人物の心情を理解する際にも、子供が、自分の意見や考えを表現する際にも、表情マークを活用することができます。

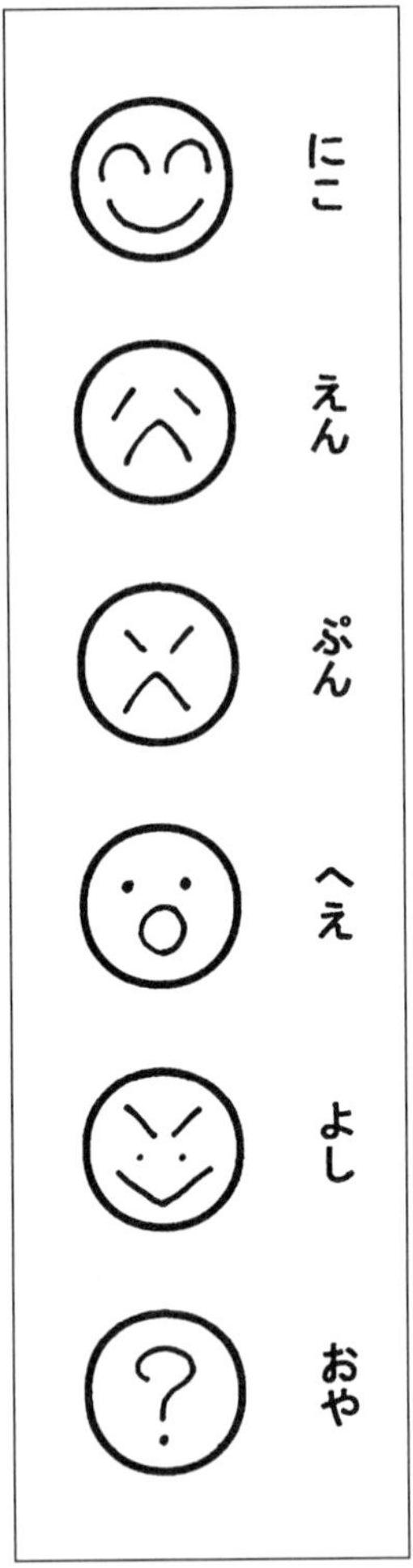

表情マーク

▼教室でみかける道徳の授業で活躍する子供

道徳の授業には、二つの学びやすさを感じます。

一つ目は、授業が一時間で完結することです。

ほとんどの道徳の時間は、一時間単位で構成されます。前の時間のことを覚えていたり、次の時間まで忘れずにいたりすることが苦手な子供にとっては、とても学びやすい授業です。

二つ目は、答えが決まっていないことです。道徳の時間は、正答が決まっているわけではなく、自分が考えたことが認められやすいです。また、まわりの友達と比較されることもあまりなく、その子自身の成長に目をむけてもらいやすいです。

あいまいできちんとした答えがない難しさもありますが、だからこそ、他の教科と違い、取り組みやすいこともあります。そうした利点を意識して、子供を評価できるようにしたいです。

12

外国語及び外国語活動でのつまずきに配慮する

▼学習指導要領解説における外国語及び外国語活動での配慮例

学習指導要領の第2章第10節「外国語」、第4章「外国語活動」では、それぞれ第2の3の(1)のカにおいて、障害のある児童に関わる事項が記載されています。解説においては、次のような配慮例があげられています。

【困難さの状態】音声を聴き取ることが難しい。
【指導上の工夫の意図】外国語と日本語の音声（音韻）やリズムの違いに気付くことができるようにする。

【手立て】
・外国語の音声を文字で書いてみせる。
・リズムやイントネーションを記号や色線で示す。
・教員等が手拍子を打つ。
・音の強弱を、手を上下に動かして表す。

下記は5・6年生に新設された外国語での配慮です。


【困難さの状態】一単語当たりの文字数が多い単語や、文などの文字情報になると、読む手掛かりをつかんだり、細部に注意を向けたりするのが難しい。

【指導上の工夫の意図】語のまとまりや文の構成を見てとらえやすくする。

【手立て】
・外国語の文字を提示する際に字体をそろえたり、線上に書いたりする。
・語彙・表現などを記したカードを黒板に貼る際は、貼る位置や順番などに配慮をする。

日本語の音声や音韻の認識が十分でない子供にとって、新たな言語に馴染むことは、かなりの苦労が強いられることでしょう。視覚的な支援などを用いて、学びやすくしたいです。「聞くこと」「話すこと」だけでなく、「読むこと」「書くこと」の領域が加わる5・6年生における外国語には、一層の配慮が必要でしょう。

▼教室でみかける外国語及び外国語活動の授業でつまずく子供

「聞くこと」「話すこと」の2領域で行われる3・4年生の外国語活動では、音声やリズムに慣れ親しむことが中心の学習になるので、他教科に比べて、視覚的な文字情報があまり与えられません。日頃使い慣れている言葉ではないので、その情報を聴覚からだけで処理することはかなり難しいです。

なんと言っているのかわからない音声を、自分の言葉で発するのはかなりストレスがかかる活動です。どうしても辛いようでしたら、視覚的な情報を与えるようにしたいです。

新しく始まる5・6年生の外国語では、「読むこと」「書くこと」が加えられます。読み書きが苦手な子供にとっては、更に困難が生じることが予想されます。

また、日本語と外国語では異なる点も多く、新たなつまずきが生じることも考えられるので、気を付けていきたいところです。

▼教室でみかける外国語及び外国語活動の授業で活躍する子供

文字の読み書きが身に付いていない子供は、ほとんどの学習で他の子供よりも遅れている状況におかれます。ところが、文字をあまり使わない外国語活動においては、まわりとの差を感じずに活動することができます。特別に外国語に親しむ生活をしていた子供以外は、外国語の習得にはそれほど差がないので、同じような状態で授業に臨むことができるのです。

また、授業で読み書きをあまりしないので、苦手意識をもたずにすみます。

文字でのやりとりが少ないという外国語活動の特徴を、支援が必要な子供が活躍できる学びの場として、生かしていきたいです。

5・6年で始まる外国語においても、3・4年の外国語活動での意欲を損なわないような配慮ができるとよいでしょう。

13

総合的な学習の時間でのつまずきに配慮する

▼学習指導要領解説における総合的な学習での配慮例

学習指導要領の第5章「総合的な学習の時間」では、第3の1の(6)のカにおいて、障害のある児童に関わる事項が記載されています。解説においては、五つの配慮例が記載されています。それらを、次のようにまとめました。


【困難さの状態】様々な事象を調べたり、得られた情報をまとめたりすることに困難がある。

【指導上の工夫の意図】必要な事象や情報を選択して整理できるようにする。

【手立て】

・着目する点や調べる内容、まとめる手順や調べ方について具体的に掲示する。

【困難さの状態】関心のある事柄を広げることが難しい。
【指導上の工夫の意図】関心のもてる範囲を広げることができるようにする。
【手立て】
・現在の事柄を核にして、それと関連する具体的な内容を示す。

【困難さの状態】様々な情報の中から、必要な事柄を選択して比べることが難しい。
【指導上の工夫の意図】具体的なイメージをもって比較することができるようにする。
【手立て】
・比べる視点を明確にする。
・より具体化して提示する。

総合的な学習の時間において、課題を見付け、調べ、まとめていく活動は、情報を得ること、得た情報を整理すること、整理した情報を表現することなどが入り混じった思考活動が必要とされます。こうした学習が苦手な子供には、思考ツールが有効です。思考ツールを利用する際にも、マスや線がたくさんあるものがやりやすい子供もいれば、できるだけ白紙の方が、使いやすい子供もいます。子供の実態に合わせて、複数のシートを用意することもあります。

【困難さの状態】学習の振り返りが難しい。
【指導上の工夫の意図】学習してきた場面を想起しやすいようにする。
【手立て】
・学習してきた内容を文章やイラスト、写真等で視覚的に示す。

学習の振り返りが苦手な子供は、学習の見通しをもつことも苦手なことが多いようです。活動が多様だったり、長期にわたって行われたりするときには、活動計画を掲示し、活動の全体像を確かめるようにします。途中で道に迷うことなく、自分の歩んできた学習活動を確かめられるようにする工夫です。


【困難さの状態】人前で話すことの不安から、自分の考えなどを発表することが難しい。

【指導上の工夫の意図】安心して発表できるようにする。

【手立て】
・発表する内容について、紙面を見ながら発表できるようにする。
・ＩＣＴ機器を活用する。

発表の方法もできるだけ多様なものを用意できるとよいです。

口頭での発表でも、原稿を見る子供、キーワードだけ見る子供、何も見ないで発表する子供など、それぞれの実態に合わせてチャレンジできるような機会を作っておくと、できないことをあまり気にせず、一人一人のがんばりに目を向けられます。

また、発表の際には、話し手側だけでなく、聞き手の側に立った支援も必要です。どうすれば聞きやすいか、わかりやすいかということを子供に投げかけてもよいです。

このような一人一人の話しやすさ、わかりやすさの違いに触れる機会を通して、多様性の理解や他者への意識を育てていきたいところです。

▼教室でみかける総合的な学習の時間の授業でつまずく子供

総合的な学習の時間には、二つの難しさを感じます。

一つ目は、自分で課題をみつけ、解決していくという総合的な学習の時間の構成です。自ら判断することが苦手な子供は、こうした活動が苦手です。何をしてよいかわからないのに、活動は子供自身に任されることが多いので、ついふざけたり、違うことをやったりしてしまい、注意や叱責されることが増えてしまう学習でもあります。

こんな子供のために、モデルを提示したり、友達といっしょに活動するようにしたりします。何かを参考にしながら取り組めるようにし、まずは写す、真似るところから始めてみてもよいでしょう。

二つ目の難しさは、活動の規模が大きいことです。

前の時間にやったことを覚えていることが苦手な子供にとって、何のために、何をすればよいかがわからなくなってしまいます。

こんな子供のためには、見通しをもてるように全体像を提示したり、活動をスモールステップで進めたりして、戸惑いを減らすようにします。

▼教室でみかける総合的な学習の時間の授業で活躍する子供

総合的な学習の時間で自分のやりたいことを、自分のペースで進められるという特性は、まわりと合わせるよりも、自分で考えて行動することが得意な子供にとっては、うれしいものです。また、それぞれが自分の課題をもつことが多いので、まわりと比較せず、その子のがんばりを評価しやすいです。

個別的な学習を通して、一人一人の自己肯定感を高められるような時間にできると望ましいです。

14

特別活動でのつまずきに配慮する

▼学習指導要領解説における特別活動での配慮例

学習指導要領の第6章「特別活動」の第3の1の(5)において、障害のある児童について示されています。解説においては、例示されている三つの配慮を、次のようにまとめました。

【困難さの状態】相手の気持ちを察したり理解したりすることが苦手である。
【指導上の工夫の意図】他者の心情等を理解しやすいようにする。
【手立て】
・相手の意図を理解しやすい場面に置き換える。

・イラスト等を活用して視覚的に表す指導を取り入れる。

特別活動は、集団活動を通して、「人間関係」や「社会参画」「自己実現」について学ぶ活動です。学校や教室は、社会の縮図であると表現されることがありますが、それが表れてくるのが、特別活動の場面とも言えます。当然、社会性が身に付いていない子供は、うまくいかないことも多く、それを身に付けさせるために丁寧な指導が必要となります。

【困難さの状態】話を最後まで聞いて答えることが苦手である。
【指導上の工夫の意図】発言するタイミングを理解できるようにする。
【手立て】
・事前に発言や質問する際のタイミングなどについて具体的に伝える。

話し合い活動を行う際には、ルールをはっきりと決めたり、進行マニュアルを作ったりすることが、話し合いが苦手な子供への支援になります。

同じ方法を用いて繰り返し行うことで、自主的な話し合いができるようになります。

【困難さの状態】学校行事における避難訓練等に対し、強い不安を抱いたり、戸惑ったりする。
【指導上の工夫の意図】見通しをもてるようにする。
【手立て】
・各活動や学校行事のねらいや活動の内容、行動の仕方などについて、視覚化したり、理解しやすい方法を用いたりして、事前指導を行う。

変化に対応することが苦手な子供は、たまに行われる学校行事などでも戸惑うことがあります。できるだけ事前に伝えておくようにします。必要ならば、事前に会場を見たり、リハーサルをしたりすることも必要でしょう。

なお、学校における合理的配慮の観点として、「災害時等への対応に必要な施設・設備の配慮（③-3）」が示されています。避難訓練だけにとどまらず、非常時の対応については、日頃から学校の中で確かめておく必要があります。

▼教室でつまずく特別活動でつまずく子供

集団行動や人間関係作りが苦手な子供にとっては、特別活動は苦手な分野です。けれども、子供が培わなければならない力としては、教科指導よりも大事なことかもしれません。何か一つの教科が苦手でも他で補えますが、対人関係や集団行動は、社会生活を営む上で、多かれ少なかれ避けては通れないものです。

特別活動を、社会性を育む場ととらえ、体験的に学習していけるようにすることが、子供の生きる力につながることでしょう。

▼教室でみかける特別活動で活躍する子供

行事やイベントで、力を発揮する子供がいます。人とのかかわりや、創意工夫することが好きな子供です。こうした子供は、まわりの子供の弱さを受け止めたり、手助けしたりすることも得意なことが多いです。
もしかすると、インクルーシブな教室に求められているのは、そういった子供だとも言えます。多様性を受け止め、共に生きる資質や能力を特別活動を通して育てていきたいです。

合理的配慮の観点

合理①-1-1	学習上又は生活上の困難を改善・克服するための配慮
合理①-1-2	学習内容の変更・調整
合理①-2-1	情報・コミュニケーション及び教材の配慮
合理①-2-2	学習機会や体験の確保
合理①-2-3	心理面・健康面の配慮
合理②-1	専門性のある指導体制の整備
合理②-2	幼児児童生徒，教職員，保護者，地域の理解啓発を図るための配慮
合理②-3	災害時等の支援体制の整備
合理③-1	校内環境のバリアフリー化
合理③-2	発達，障害の状態及び特性等に応じた指導ができる施設・設備の配慮
合理③-3	災害時等への対応に必要な施設・設備の配慮

※参考：国立特別支援教育総合研究所「インクルDB」

第4章

特別支援教育の視点で授業改善へのアプローチ

CHAPTER 4

1

個別の指導計画を作る

▼個別の指導計画の作成

新学習指導要領では、各教科の中で、障害のある児童への指導が明記されました。その解説には、最後に、**「なお、学校においては、個別の指導計画を作成し、必要な配慮を記載し、翌年度の担任等に引き継ぐこと」**と明記されています。

また、総則には、下記記述があります。

> 各教科等の指導に当たって、個々の児童の実態を的確に把握し、個別の指導計画を作成し活用することに努めるものとする。
>
> 特に、特別支援学級に在籍する児童や通級による指導を受ける児童については、個

々の児童の実態を的確に把握し、個別の教育支援計画や個別の指導計画を作成し、効果的に活用するものとする。

通常の学級においても、障害のある児童などのために、個別の指導計画の作成に努めることとなっています。また、このたびの改訂では通級による指導を受けている児童については「特に」と一歩進んだ記述が入りました。

こうした計画は、次年度への引継ぎだけでなく、現状の指導、支援にも役立つことは言うまでもありません。しかし、現場では、せっかく時間をかけて、個別の指導計画を作成しても、実際の指導に生かしきれないことがよくあります。

▼目標と手立ての具体化・焦点化

個別の指導計画には、「目標」「手立て」と、その「評価」を書きこみます。

目標は、長期的な目標だけでなく、学期ごと、月ごとなど、できるだけ短期のものを設定します。そして、目標も手立ても、評価しやすい具体的な言葉で書くとよいです。

このとき、あまりたくさんのことを挙げてもやりきれないので、できるだけ項目をしぼり、焦点化する方が、その後の指導で意識しやすいです。

▼指導と支援の二つの規準

「もっとがんばらせればよいのか」「もっと助けてあげた方がよいのか」、担任として、目標の設定は、悩むものです。しかし、子供が同じことをしているのに、あるときは厳しく注意して、あるときはやさしく受け止めるなど、指導にブレがあるのは、一番よくありません。その子にとって、今、何が必要なのかを考えるとき、ノートルダム清心女子大学教授の青山新吾先生が提唱する次の二つの規準が役立ちます。

〈A規準〉個の能力を伸ばす視点
〈B規準〉今の力でくらしやすくする視点
（参考　青山新吾著『吃音のある子どもたちへの指導』明治図書）

A規準を「指導」、B規準を「支援」ととらえ、今、この子に必要なのは、指導なのか支援なのかを考えてみると、今、その子に必要な目標や手立てが見えてきます。

例えば、自席に座っていられない子供にとって、席に座っているという目標は、A規準。そのために、好きな本を読んでもよいという手立ては、B規準ということです。

▼PDCAサイクルで行う指導・支援

計画の評価を頻繁にできるように、定期的に目にする時間を設けるとよいです。指導や支援が、ぶれたり、ゆるんだりしないようにするためです。

短期目標で設定した期間、実践を行ったら、評価をします。その目標が達成できたか、その目標があっていたかを確かめます。そして、新たな目標や手立てを設定するのか、その目標や手立てを継続するのかを決めます。個別の指導計画を使って、指導や支援のPDCAサイクルを確立するということです。

このサイクルを、状況が許されれば、保護者や子供とも共有できると、更に効果的です。

2

個と集団のバランスをとる

▼ガイダンスとカウンセリング

通常の学級での特別支援教育では、「個」と「集団」のバランスが大事です。一人の子供にかかわりすぎると、まわりの子供に目が向きませんし、まわりの子供ばかりを見ていると、一人の子供が置いていかれてしまいます。

学習指導要領総則第1章第4の1の(1)には、次のように示されています。

> 主に集団の場面で必要な指導や援助を行うガイダンスと、個々の児童の多様な実態を踏まえ、一人一人が抱える課題に個別に対応した指導を行うカウンセリングの双方により、児童の発達を支援すること。

教室には、たくさんの子供がいます。その中での一人の子供の指導や支援では、集団の中で行うガイダンスと、個別に寄り添うカウンセリングのバランスを考慮します。

▼授業を支える学級集団の安定と信頼関係

学習指導要領総則第1章第4の1の(1)には、次のような一文もあります。

> 学習や生活の基盤として、教師と児童との信頼関係及び児童相互のよりよい人間関係を育てるため、日頃から学級経営の充実を図ること。

学級単位で授業が行われる今の学校においては、いうまでもなくどの授業も、学級集団の安定や教師や子供との信頼関係の上に成り立っています。教師は授業で勝負するという言葉も聞かれますが、子供たちが多様化しているインクルーシブ教育時代の教室では、学級づくりに力を注がないことには、授業づくりもうまくいきません。

3

学習内容を視覚化する

▼一斉授業の改善

教科にかかわらず、どの子もわかりやすい授業には、改善のポイントがいくつかあります。その一つが、学習内容の視覚化です。

先生の話ばかりで授業を進めていては、子供は、なかなか理解できません。資料や動画などを効果的に使い、学習内容を視覚化することで、子供の理解は、ずっと深まります。

▼聴覚情報より視覚情報

人は、聴覚優位の人よりも視覚優位の人の方が多いそうです。だから、話ですますのではなく、視覚化をすることで、より多くの子供がわかるようになります。例えば、算数の図形の学習で、「平行四辺形の面積は、底辺かける高さです」と言った言葉は消えてしまいます。そのときに聞き逃した子供は、その情報を得ることはできません。でも、「平行四辺形の面積＝底辺×高さ」と黒板に書いておけば、その情報は消すまでそこに残っているので、後からでもその情報を獲得することができます。

▼文字情報とイラスト情報

知らない場所までの道案内をしてもらうとき、文字や文章で伝えてもらう方がわかりやすい人と、地図で見る方がわかりやすい人がいるそうです。人によって、わかりやすい情報が違うということです。ですから、情報を視覚化するときは、文字と、絵や写真との両方をうまく使えると、どの子もわかりやすくなります。

平行四辺形の面積の公式を伝えるときは、図で表したものと、公式を書いたものの両方を掲示する配慮が必要だということです。

4

みんなをそろえる

▼みんなそろってスタート

日直の挨拶から始める授業がよくあります。

子供は、さあこれから授業を始めるぞという心構えをもちます。

教科書やノートがそろっていることを確認し、先生の話が始まります。

こうした授業の最初の場面では、子供の頭の中も、やっていることも、だいたいそろっているはずです。

ところが、授業が進み始めると、だんだんついてこられない子供が出てきて、授業から脱落していきます。この子をどこかで待たないと、最後までみんながそろうことなく、授業の終わりを迎えることになります。

▼待ち合わせの時間

授業中、何度か子供みんながそろう時間を作る必要があります。ちょうど電車の快速と各駅停車が特定の駅で待ち合わせをするような感じでしょうか。先に進んでいる子供には、プラスの課題を与え、理解が遅れている子供、作業が遅れている子供が追いつくのを待ちます。そして、全員がそろったところで、次の説明をしたり、課題を出したりするのです。

ときには、遅れている作業をとめたり、途中でもとばさせたりして、全員をそろえることもあります。

そろう場面が多い授業は、どの子にもわかりやすいです。反対に、そろう場面が少ない授業は、わからないまま、何もしないまま終わる子供が多いです。教師が主導で行う授業では、みんながそろう機会がどれだけあるかを意識しながら進めないといけません。

5

授業を焦点化する

▼授業の焦点化

子供に伝えたいこと、できるようになってほしいことはたくさんあります。でも、小学校の授業時間は、一回に45分しかありません。その時間の中でできることは限られていま す。あれもこれもと詰め込み過ぎてしまっては、結局どれも消化できなくなってしまいます。やりたいこと、伝えたいこと、できるようにさせたいことを、焦点化して授業に臨むことで、どの子もわかる・できる授業につながります。

▼シンプルなめあて

その授業で何を理解させたいか、どんなことをできるようにしたいのかを、あらかじめおさえておき、授業の始めに板書して、子供に伝えます。できれば、それが達成したかどうかをどう評価するかということも伝えておきたいです。

授業のめあてがはっきりしているので、先生の指導も、子供の学習も、ぶれないですみます。

▼明確な学習方法

授業で子供が行う活動は、聞く、読む、書く、話し合う、発表する、作業するなどと、そうたくさんのことがあるわけではありません。

今日は、主にどの方法でねらいにせまるのかも、授業の始めに伝えておきたいです。

また、授業中でも、今、何をする場面なのかをはっきりとしながら、授業が展開できるとよいです。話を聞いているときなのに読んでいたり、話し合っている途中でノートを書いていたりすることがないようにします。

▼中心となる発問・学習活動

その授業のねらいにせまるための中心発問や、学習活動も、意識しておきたいです。

小学校の授業時間は、45分ですから、22分30秒が、ちょうど真ん中になります。

この時間に何をしているか、中心発問や学習活動にたどり着いているのかを意識して授業を進めていきます。つい授業が長引いてしまい、中心となる発問や学習活動が遅くなり、授業の最後になると、バタバタと詰め込んだり、説明が早口になってしまったりします。これでは、学習の充足感もなくなってしまいます。

最後には、ゆとりをもって、めあてを達成したかどうか、振り返りをしたいです。そのためにも、授業の真ん中の時間に何をしているかが大事になります。

第5章

これからの学びへのアプローチ

CHAPTER
5

1 主体的学びを支援する

▼主体的学びでのつまずき

学習指導要領の各教科の解説を読むと、主体的に学ぶことについて、「学習の見通しを立てたり学習したことを振り返ったりして自身の学びや変容を自覚できる」という文に出会います。

つまり、自分の学びに「見通しをもてること」と、自分の学びの「振り返りができること」が、主体的に学ぶことにつながるということです。

しかし、先を見通すことも、後を顧みることも、支援が必要な子供にとっては難しい課題です。まずは、この二つの力を支援することが、子供の主体的に学ぶ姿を引き出すことになります。

▼見通しをもった学習活動

子供が見通しをもって学習を展開できるように、学習の型を作ります。
左図は、社会と理科の問題解決で進める授業の展開を、掲示したものです。

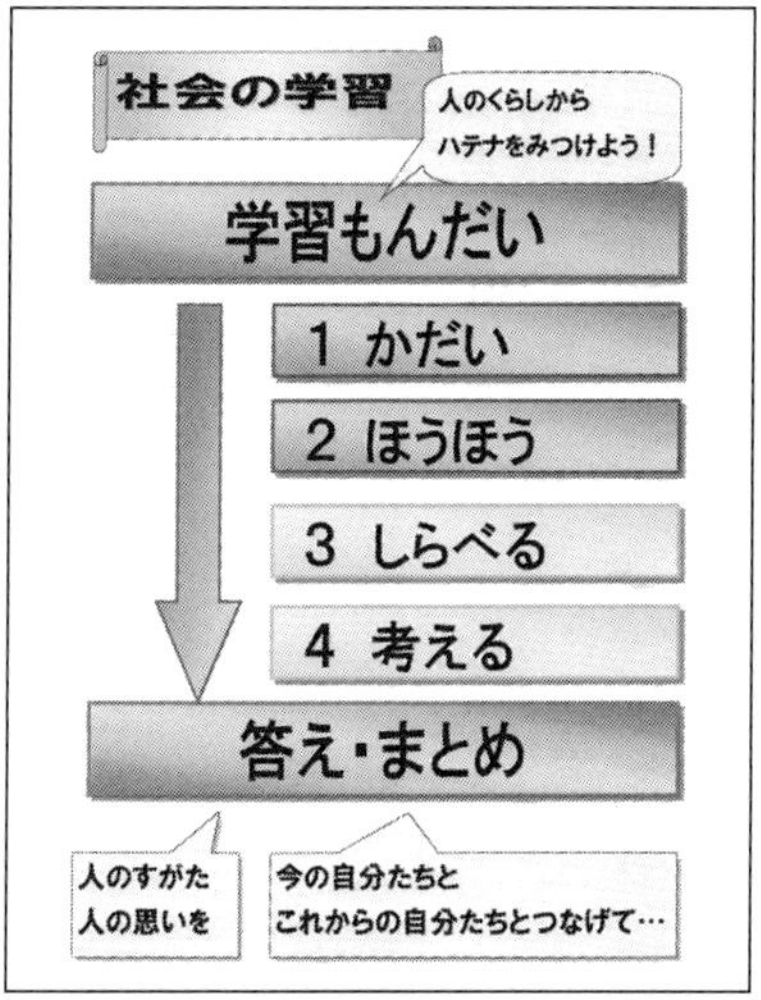

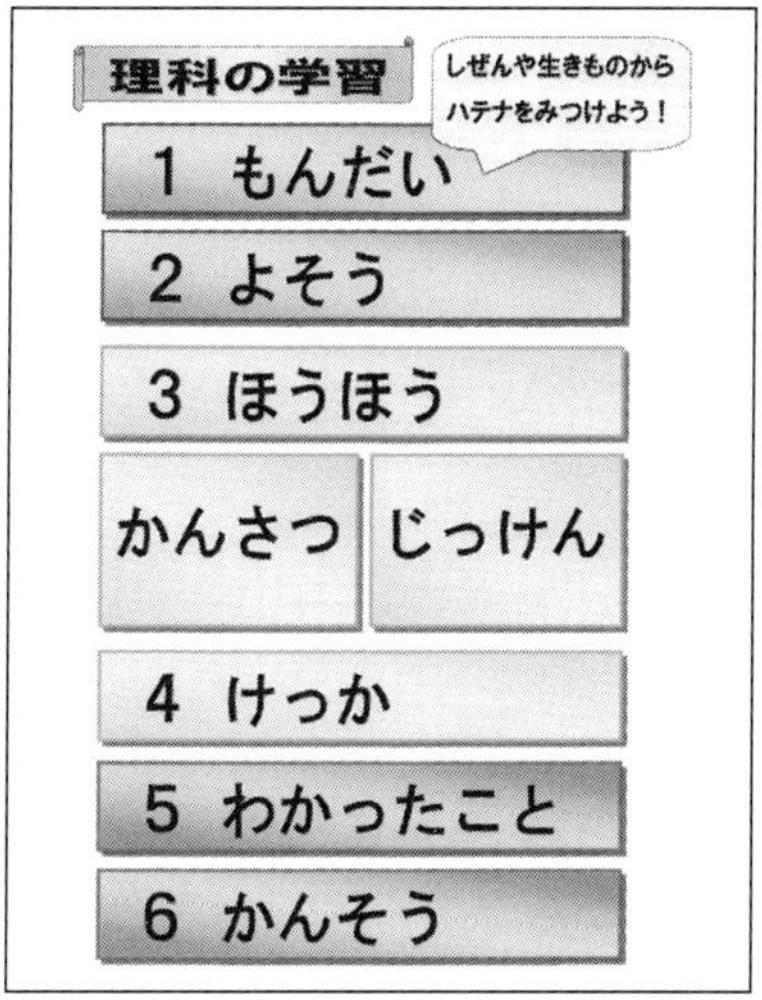

学習展開例

このような型に従って授業を繰り返し行い、定着させていくと、子供は次に何を考え、どうまとめていけばいいのかがわかるので、教師の指示を待たなくても、自分で学習を進められるようになります。

▼自分の学びを振り返る時間

相手のことは気になるけれど、自分のことは気付かないという子供がけっこういます。そんな子供にとって、自分の学びを客観的にとらえることは、かなり難しいことです。振り返りの力を付け、習慣付けるためには、まずは、授業の振り返りの時間をしっかり確保することです。毎回は難しいかもしれませんが、できるだけ授業の最後の数分は、その授業を振り返る時間としたいです。

授業を振り返る際には、視点を与え、数値化したり、○△×で表したりすることで、振り返りが苦手な子供でも、自分のことが思い起こしやすくなります。

今日の授業の理解度を5段階で表したり、頑張り具合を、グーチョキパーで示させたりすると、振り返りがしやすくなります。

▼学びの主体は自分自身

授業で振り返りの時間をもつことで、子供に、学びの主体は自分なのだということに気付かせることができます。

授業に気持ちが向いていない子供は、学校の授業を「やりたくないのにやらされているもの」と感じています。しかし、実際の授業の主役は、教師でなく、子供自身なのです。

主体的に学ぶ意識をもたせるためにも、振り返りのときには、「わかったか」「できたか」だけでなく、「どのように学んだのか」「その学びは、自分に合っていたのか」など、学び方についての視点も取り入れるようにしたいです。

2 対話的学びを支援する

▼対話的学びでのつまずき

教師の説明中心の授業に一石が投じられ、最近では、どの授業でも子供同士が話し合う場面が多くとられるようになってきました。大人が対象となる研修やセミナーにおいても、ただ聞くだけでなく、隣やまわりの人と意見交換をする時間がとられることが当たり前のようになっています。

こうした対話的な活動の時間は、自分の考えを活性化するために、大変有意義です。

しかし、人とかかわることが苦手な子供にとっては、ただ「隣の人と話しましょう」と言われて話せるわけはなく、この対話的な活動自体が非常に困難なものとなります。

大人でも対話的活動を苦手にしている人は少なくないようです。そう考えると、対話的活動は、学年が進むほどに、困難さが増していくものであるともいえます。確かに、素直な低学年の頃にできていたことが、対人関係が複雑になる高学年になるとできなくなることがあります。対話的活動は、発達段階との逆行がみられる特殊な学びだともいえます。

▼対話スキルの習得

対話的な学びを成立させるためには、対話技能が必要です。けれども、それを身に付ける機会が、現在の学校教育ではそれほどたくさん用意されているわけではありません。国語の授業で「話す・聞く」を学ぶ機会はありますが、対話を苦手にしている子供が技能を身に付けるには十分とはいえません。

漢字や計算を身に付けるためには、ドリルやミニテストなどを用いて、繰り返し練習します。全ての学びの基盤となる対話技能も、同じように繰り返し練習する機会が必要だろうと考えます。

そのために、朝の会で、前日の様子について話をするとか、授業の始めに、前回学習したことを話すなどの対話活動を取り入れます。

▼育てたい対話技能

対話の態度や方法についての視点を子供に与えるとよいでしょう。例えば、次のようなものを教室に掲示します。

話の聞き方「あいうえお」

あ…相手を見て
い…いっしょうけんめい
う…うなずきながら
え…えがおで
お…おわりまで

対話技能の掲示

▼生きる力としての対話力

学校には、子供の将来のために育てなければいけないことがたくさんあります。その中でも特に大事な力が、対話力です。

人は一人では生きていけません。社会生活を営むためには、少なからず人とのかかわりが必要です。更に、これからの時代を生きる子供にとっては、協同的に問題を解決する力が求められます。特別支援教育が目指す共生社会は、人との対話によって実現されるものです。

3 深い学びを支援する

▼深い学びでのつまずき

本書のテーマは、平素の授業でつまずいている子供への支援の充実です。授業に苦労している子供に、深い学びまで意識させるのは、苦しいところですから、「深い学び」については、本書のテーマとの結び付けが一番難しいかもしれません。

また、特別支援教育の視点で教室をとらえるときに、危惧することの一つに、困っている子供の方ばかりに目が向き過ぎてしまうことがあげられます。気になる子供へかかわりすぎてしまい、他の子供を後回しにしてしまうような状態に陥りやすいです。

教室には、より深い学びを求めている子供もいます。しかし、特別支援教育の視点をもつことが、時にはまわりの子供を待たせてしまうことになることも忘れてはいけません。

▼学びのビフォー・アフターの見える化

深い学びに向かえない子供へは、自分の学びの見える化をしかけます。

まず、調べる、対話するなどの学習活動の前の自分の状態を書き出させておきます。もし、答えや意見がなければ「わかりません」「ありません」と表記させます。

そして、学習後に自分の意見を改めて書きます。こうすることで、学習を通しての自分の成長を視覚的にとらえることができます。

このとき、自分の考えやその根拠に、友達の考えが取り入れられていたり、最初はわからなかったことが加えられていたりすれば、学習を通しての学びの深まり、広がりを実感的にとらえることができるでしょう。

たとえ、先生や友達の意見をそのまま書いただけだったとしても、最初は、「わからない」「ありません」だった子供が、学習活動により、答えを書けたということは、その子なりの学びの深まりだと言えます。

▼深い学びにつながなる引き出す力

授業で、子供同士が学び合いを行う場面を作ることがあります。こうした学び合いの中で、早くできる子供がそうでない子供に教えてあげる光景を見ます。どちらの子供にとっても自分の学びが高まるよい時間です。しかし、このような子供同士での教え合いには、一つ、心配なことがあります。

それは、子供同士での上下関係ができてしまうことです。

そこで、教えるではなく、引き出すという意識をもたせるようにします。

教育を意味するeducationの語源は、ラテン語の「引き出す」だといわれています。

授業中、できた子・わかった子には、まだの子に、できるように、わかるようになる力を引き出してあげるように伝えます。長距離走の伴走者のようなイメージです。

このような関係性では、教えてもらう側の子供も、自分の力でやるのだから、相手の友達に感謝をしたとしても、立場を下に感じることはあまりなくなります。

また、教える側の子供も、友達をサポートすることで、自分と他の人とでは、考え方、理解の仕方が違うということに気付きます。その結果、更に自分の考えを広げたり、深めたりすることになります。

▼教室の多様性が生み出す深い学び

友達同士の学び合いが教室で行われることによって、子供は、自分の考え方、感じ方と、まわりの友達とでは違うことに気付きだします。その違いがたくさんあるほど、多くの考え方や学び方に出会うことになります。それは、その子にとって、学びが広がり、深まるということです。

こう考えると、多様な子供が共に学ぶというインクルーシブな教育の場は、子供みんなの深い学びにつながっていく重要なファクターであることに気付かされます。

また、新学習指導要領に示された障害のある児童への指導の視点により、教師自身も、多様な学び方を意識します。それは、同時に教室での学びの広がりや深まりにもなります。

通常の学級の中で、特別支援教育を充実させていくことは、深い学びへのアプローチでもあるわけです。

4

自分で学べる力を育てる

▼子供が身に付けなければいけない力

これからの時代を生きるための力として、子供が培わなければいけないことは、「自ら学べる力」だと考えます。

本書を読まれている先生たちの教室では、子供は、様々な支援を受けて過ごしていることでしょう。しかし、先生によって、教え方、考え方は違います。今いる学級を進級、進学したときに、同じような支援を受けられるとは限りません。学校スタンダードや小中連携の取り組みで、タテのつながりも大事にされてはいますが、それでも学校や先生によってのスタンスの違いは生じます。

そもそも子供がこれから生きていく社会においては、こうした環境の違いはどこにもあるものです。その中で折り合いをつけて生きていく資質・能力こそが、学校で身に付ける力だと考えます。だから、「自分で学べる力」が必要なのです。

自分で学べる力とは、自分の課題を自らみつけ、最適の方法を考えて、解決し、自分を高めていくことができる力です。この力を育むことができれば、子供は、教室や学校が変わっても、自ら自分に合った学びをみつけていけることでしょう。

▼これからの社会を生きるための力

今回の学習指導要領の改訂のポイントの一つに、社会に開かれた学習指導要領であることが挙げられます。

社会に開かれたものであるならば、学習指導要領の中身がこれからの社会を生きるために生かされるものであってほしいです。

この学習指導要領で学ぶ子供が大人になったときには、今ある仕事の7割がなくなり、6割の子供が、今はない仕事に就くと言われています。

そんな社会を生きるために必要なのは、人から言われたことをしっかりやるという受動的な態度ではなく、自分に合わせたやり方を自ら見出していくような能動的な態度です。

▼先生の力・友達の力・自分の力

私は、子供に、学級や授業は「先生の力」×「自分の力」×「友達の力」で作るのだよと話します。そして、「三つの力の中でどれが一番大事だと思う?」と聞いてみます。「先生の力」を一番にする子供は、ほとんどいません。「先生の力」に頼ってばかりいてはいけないことを、子供はわかっているようです。

けれども、「自分の力」よりも「友達の力」を上位にする子供が多くいます。友情とか協力とか、響きのいい言葉だからでしょうか。

もちろん「友達の力」は大事です。それを使える友達関係も必要です。でも、まず大事なことは、「自分の力」です。自分で学べる力がなければ、「友達の力」も使えません。

▼自分で学べるために必要なこと

自分で学べる力には、次の三つの要素があると考えます。

・振り返る力
・ヘルプを出せる力
・選ぶ力

これらはどれも、社会で生きにくい子供を含め多くの子供にとって、社会で生き抜くために必要な資質・能力でもあります。

子供が、将来にわたって必要となる資質や能力の基礎を、小学校のうちから育てたいと考えます。

この三つの要素については、次項からくわしく説明します。

5

振り返る力を育てる

▼学校教育の出口で付けたい力

大学で指導をしている友人の話によると、学校生活を終え、社会に出る一歩手前になってもまだ、自分で自分の道を決めることに支援を必要とする学生が多いそうです。そんな学生たちに、一番必要とする力は何かと尋ねたところ、「内省力」だといわれました。その友人が学生と行っている授業は、私が小学生に、自分のことを振り返るためにやっている活動とほとんど同じだったことに、驚かされました。

▼振り返りのトレーニング

授業や生活場面で、子供に「どう思ったの？」と聞いても、すぐに「わからない」と答えて済ませてしまう子供がいます。面倒だからそういうのではなく、本当に、自分のことをみつめ、振り返ることができない子供も多いのだろうと思います。

そういう子供には、振り返りのトレーニングを、小さい頃から積んでいく必要を感じます。私の教室では、授業の最後や帰りの会などで、自分を振り返る時間をとり、時には振り返りのためのノートを書くようにしています。

▼自分に向き合うということ

中には、自分のことを振り返ることを避けている子供もいます。日頃からつまずくことが多い子供にとっては、自分を振り返ることは、できない自分を再認識することになるので、心地よいものではありません。だから、無意識に避けようとしてしまいます。

しかし、今の自分自身に気付いて、初めて次の自分に向かっていけることもあります。逃げてばかりではなく、自分に向き合える機会をもてるようにするためにも、日頃から子供の自己肯定感や自己有用感を大切にしたいです。

6

援助要求スキルを育てる

▼学習につまずく子供の防御反応

「死ね！」「うぜぇ！」「無理！」「めんどう……」。教師の指示や注意に対して、すぐにこんな言葉を返してくる子供がいます。他にも、大声を出したり、物に当たったり、反抗的な態度をとったり。

こんな態度を示されると、教師も人間ですから、ついカチンときて、語調が荒くなってしまいます。よほど心の大きな人でなければ、こんな経験だれもがあるはずです。

少し見方を変えてみます。これらのきつい反応が出るのは、子供が敏感になっている部分や、触れてほしくない事柄を、先生に指摘されたときが多いです。大人でも、急に体に触れられたら、とっさに振り払ったり、文句を言ったりしますね。

つまり、子供が、自分の弱い部分を守ろうとするために、とっさに出てしまう防御反応だととらえることもできるわけです。

こうした行動は、触覚防衛反応と呼ばれ、感覚の敏感な子供などには、より顕著にあらわれることがあるようです。

▼自分を助ける援助要求スキル

さて、困っていること、辛いことを乗り越えるためには、どんな術が必要でしょうか。気勢を張って強がったり、反抗したりしても解決はしません。それよりも助けてもらうこと、協力してもらうことの方がずっといい方策なはずです。

「○○が苦手です。うまくできる方法は、ありませんか。」
「○○がとてもいやなので、困っています。」
「○○を貸してもらえますか。」
「○○ができないので教えてください。」

こんな言葉を言える方が、ずっと自分を助けてくれます。

こうした援助要求のスキルや適切な態度を身に付けさせてあげることは、子供が自ら自分を助けることにもなります。

▼教室の中でのヘルプサイン

教室では、こうした援助要求のことを「ヘルプコール」と呼んで、どの子も必要ならば使っていいことにしています。

そして、子供には日頃から「先生は、やらない子がいたら注意します。でも、困っているのだったら全力で助けます。だから、困っていることを黙っていないで、伝えられるようにしよう」と話しています。

そして、もし適切な態度で子供が支援を要請してきたら、教師は「自分で考えよう」などと安易に突き返すのではなく、その態度や思いをしっかりと受け止め、「助けを求めてよかった」と感じられるように成功体験に導いてあげることが、子供の支援要求スキルを育てることになります。

▼将来のための援助要求スキル

障害のある子供の中には、将来的にも何かしらの支援がある方が生きやすい場合があります。社会には、そんな人たちを助ける制度や仕組みがたくさんあります。困っているときに手を差し伸べてくれる人達も大勢います。

しかし、そうした支援や適切な援助を要求することができない人がいるそうです。助けを求めるには、どんな助けがあるのかを知っていないといけません。いつ、どこで、どんな人に助けを求めればいいのかを知る必要もあります。

また、助けてもらうには、それなりの言葉遣いや態度が必要です。自分のやるべきことをやっていない人には、支援の手も回ってきません。

小学校という小さな社会の中で、社会を生きるための援助要求スキルを育てることも、小学校教師の務めの一つだと考えます。

〈参考　川上康則著『〈発達のつまずき〉から読み解く支援アプローチ』学苑社〉

7

選ぶ力を育てる

▼グッドチョイスの価値

「自分で学べる力」を付けるために最も大事なことは、「選ぶ力」を育てることだと感じています。自分に合った行動を選ぶことができれば、教師との関係性や周囲の環境に左右されずに学べる子供、生きていける子供になります。

選ぶ力、自分で自分をコントロールできる力は、学習のみならず、生活場面においても、自立を促す力です。

インクルーシブ教育研究者の野口晃菜さんから教わった言葉に、「グッドチョイス！いい選択をしたね」があります。

自分を高めるためのチャレンジを自ら選ぶことができたことを価値付け、更に伸ばしていける支援が、最も重要な教師の役割なのではないかと感じます。

▼自分に合った学び方の選択

国立特別支援教育総合研究所の涌井恵氏は、「学び方を学ぶ」実践を広げています。私は、第2章で紹介したマルチ知能と、涌井氏との共同研究で出会いました。

共同研究では、八つの知能をできるだけ使って授業をすることで、どの子もわかる・できるユニバーサルデザインの授業を作るのですが、最終的には、子供自身が、自分の得意な知能を使って学習をできることを目指します。

子供は、マルチ知能の八つの力を使った学び方を知ることで、自分に合った学び方を選ぶ力を付けます。また、自分の学びやすさと友達の学びやすさが違うことに気付き、人の多様性やみんなが同じではないという事実を理解します。

マルチ知能を活用した学び方を学ぶ授業づくりについては、涌井恵編著『学び方を学ぶ』（ジアース教育新社）、涌井恵編著『学び方にはコツがある！その子にあった学び方支援』（明治図書）に詳しいです。

▼家庭学習で育てる自分で学べる力

学校の授業は、基本的に、あらかじめ決まっている学習内容を、一人の先生と30人ほどの子供が一斉に学習します。そんな中では、一人一人が自分で学び方や学ぶ内容を選ぶ授業を行うのは、簡単ではありません。

しかし、家庭学習は、子供に委ねられる幅が広いです。

家庭学習においては、子供は、「目標」「時間」「種類」「量」「方法」を選ぶことができます。これらの全てを子供が決め、実践していくことが可能です。自分で学べる力を発揮できる格好の場になります。

ただし、こうした学習が可能なのは、自己調整力が高く、自己管理ができる子供です。そうでない子供には、教師が決めた課題の方が、余計な負荷をかけずにすみます。でも、あえて家庭学習を「自分で学べる力」を育てる機会として子供に任せ、個人の成長に着目していくこともよいかもしれません。

第6章

つながりへのアプローチ

CHAPTER
6

1

特別支援教育コーディネーターと共にかかわる

▼特別支援教育コーディネーターの指名

特別支援教育の実施と共に、各学校に特別支援教育コーディネーターが指名されるようになりました。特別支援学校などには、地域のコーディネーターがいます。この特別支援教育コーディネーターの働きと共に、それぞれの場での特別支援教育が行われているのが、今の学校現場です。

▼助言及び援助の活用と組織的対応

学習指導要領における障害のある児童などへの指導の項目には、**「特別支援学校等の助**

言又は援助を活用」「組織的かつ計画的に行うものとする」とあります。つまり、特別支援教育は、特別支援教育コーディネーター（以下コーディネーター）を中心に、多くの人との連携の下で行われるものと示されているわけです。

▼学級担任の特性

しかしながら、通常の学級の担任には、自分のクラスは、自分が何とかしなければという独特の責任感やプライドがあります。こうした気持ちの問題に加え、多忙な学校現場では、担任がまわりと連携しながら進めることは、かなり難しいのが現状です。けれども、担任一人で抱えることは、担任自身にとっても、支援を必要としている子供にとっても、よいことではありません。

コーディネーターだけでなく、管理職、学年の先生、養護の先生などと積極的に連携をとりながら、共に子供とかかわっていくことが、これからの学級担任には求められてきます。一人で抱えるのではなく、チームでかかわれることが、インクルーシブ教育時代の学級担任に必要な資質の一つだともいえるでしょう。

2 助言や援助を上手に受ける

▼助言・援助における問題点

学校の中での支援会議、外部からの支援チームの訪問、専門家による巡回指導などの取り組みが増えてきました。しかしながら、実際の会議や話し合いの場を見ると、必ずしも効果的に行われるばかりではないようです。

支援会議では、たくさんの人が一堂に会して長時間話したにもかかわらず、結局、話された内容は、現状の把握と担任への励ましばかり。特に何の方策もみつからず、終わってみると担任の負担や悩みは何も変わっていないということがよくあります。また、相談の際に、担任の教師が、外部の方からあれこれと改善策を示されて、気持ちを害してしまう姿もよくみかけます。「個別ならできるけど」「まわりの子供をどうすればよいのか」こうした言葉は、相変わらず通常の学級の担任からの思いや悩みですし、「自分でやってみれば」といった少々厳しい感情が生じることも少なくありません。

こうした問題はなぜ生じてしまうのでしょうか。

▼助言・援助をする側の思い

助言・援助の問題が生じる要因の一つに、支援をする側のカウンセリングマインド（共感的理解）があると感じます。相手の気持ちを汲み取ることも、援助の一つです。コーディネーターやスクールカウンセラーの人たちも、きっと担任の苦労を少しでも和らげようと一生懸命に寄り添ってくれていることでしょう。

けれども、具体的な手立てを欲している担任にとっては、聞いてもらうばかりの話し合いは、時間ばかりを浪費して、かえって仕事をためてしまうだけだったという結果になってしまうこともあります。

一方で、専門的な立場にいる人が、何とか担任の教師に実のある話をしようと、空回りしてしまうこともあるようです。担任の教師が気付かない子供の面を見取ったり、知らない知識を教えてあげたりしなくてはという責任感が、担任にとって負担になり、かえって気持ちを閉ざしてしまうこともあります。

▼助言・援助を受ける側の思い

支援を受ける側である学級担任の思いも様々です。

一人で背負うことが大変で、とりあえず話だけでも聞いてくれればいい。そして、日頃のがんばりをわかってくれて、一言ねぎらってもらうだけで十分だということもあります。一方で、子供の対応が手詰まりで、何かしらの新しい手立てを示してほしいということもあります。一人ではやりきれないので手を貸してほしいということもあるでしょう。

一言で、助言や援助と言っても、いろいろな方法が考えられます。それが両者の間でずれてしまうと、せっかくの話し合いが、より負担がかかったり、気持ちが沈んでしまったりと、効果を得られないものになってしまいます。

▼助言・援助の際の心構え

こうした問題が生じないために、相談の際には、まず相手が何を求めているのかを確かめることから始めるようにします。私は、コーディネーターとして担任の教師と関わるときには、初めにこの話し合いで欲しているものは何かを聞くようにしています。

例えば、次のような視点です。

①話を聞いてもらいたい
②意見を聞きたい
③指導を受けたい
④方法やアイデアを教えてもらいたい
⑤専門的な見解を知りたい
⑥手助けがほしい

不安や苦労が重なっている教師に対しては、相手の話を聞いて、励ましたり、価値付けたりするようにします。

若い教師が手立てに困っているのかなと思うときには、対応の仕方について指導をしたり、具体的な方策を示したりするようにします。

専門的な見解を求められたり、他機関とのつながりを要望されたりするときには、更に自分より詳しい人たちを紹介することもあります。

私自身がコーディネーターとしてかかわるときは、こうした心構えをもつわけですが、逆に担任として助言や援助をお願いする際には、まず、自分から何を求めているかを伝えるように心がけます。

例えば、「話を聞いてほしいのですが」「意見をください」「ちょっと、手を貸してもらえるかな」などと、初めに伝えてから、話をするようにしています。

▼教師の対話力

対話的学びが求められているのは、子供ばかりではありません。組織的に対応するための大人同士の対話力の向上が不可欠です。私たち教員も、かかわり方を磨き、対話的に仕事ができるようにならなければいけないのでしょう。

最近は、ホワイトボードなどを使って会議の内容を可視化することも増えてきました。会議の最初に、この話し合いの目的を書いてから進めると、途中で違う方向に向かってしまうようなこともなく、限られた時間で、効果的な話し合いができます。

3

子供とつながる

▼担任の立場

担任は、子供を指導する立場にあります。そして、一度にたくさんの子供とかかわる立場にあります。

一方、子供の様子によっては、個別に、共感的にただ話を聞いてあげることが必要なときがあります。こうした役割を専門的に担うのがスクールカウンセラーです。

担任の教師には、時には集団を統率する指導者としての立場で、時には個別に寄り添うカウンセラーとしての立場で子供にかかわることが求められます。しかし、いつもそううまく切り替えられるものでもありません。教師がそのつもりでいても、子供の方が教師の多面的役割を受け入れられるほど器用でないこともあります。

こうした複雑な立場が故に、担任の教師と子供との関係が、うまくつながらなくなってしまうことがあります。

▼子供の立場

子供は、保護者の次に身近な存在になる担任の教師に対して、ついわがままになってしまったり、勝手なことを言ってしまったりします。

一方、外から支援に入る教師は、一定の距離感があるので、比較的冷静に、落ち着いて子供とかかわれます。子供にとっても、いつも接している先生よりも、時々かかわる先生との方が、緊張感が生まれ、自分をおさえながらかかわることができます。

▼担任の教師と子供との橋渡し

特に小学校においては、担任の教師が授業の多くを受け持ちます。それが、担任の教師と子供との強い結びつきを生むこともありますが、反対に、前述したようなお互いの立場から、関係がぎくしゃくしてしまうことも少なくありません。

そんなときに必要となるのは、担任の教師と子供をつなげる存在です。

私が、コーディネーターとして子供とかかわるときには、まず、担任の教師と子供との橋渡しができるようにすることを心がけます。そのために「あなたのことを一番心配しているのは、だれだと思う？　担任の○○先生だよね」「きみがそうできるようになったら、○○先生、すごく喜ぶと思うよ」というような言葉をかけるようにします。

また、担任の教師は、ついクラスのマイナスの部分に目がいってしまうので、その子やそのクラスのよさをできるだけ伝えるようにします。

一方、私自身、学級担任の立場で、子供との関係が

特別支援教育コーディネーターは子供と担任の橋渡しをする

うまく築けていないなと感じたときには、まわりの教師に橋渡しをお願いすることもあります。マイナスの部分ばかりが気になりすぎているときには、客観的な目で子供やクラスを見てもらい助言をもらうようにします。

学習指導要領の第1章総則にも、第4「児童の発達の支援」に下記の記述があります。

> 学習や生活の基盤として、教師と児童との信頼関係及び児童相互のよりよい人間関係を育てるため、日頃から学級経営の充実を図ること。

担任の教師と子供がつながるための組織的な支援が、これからの学校現場では、必要なことになっています。

4

専門性とつながる

▼特別支援教育は教育課題の一つ

各教科の指導に加えて、生活指導、研究、各種の行事、学級事務等、いつも学級の担任の教師は、仕事に追われています。加えて、学習指導要領が改訂されるこの時期は、新しい学びの在り方にも注目しなければなりません。

そう考えると、十年前に比べ、学校現場に根付いてきている特別支援教育ではありますが、通常の学級の担任にとっては、数ある教育課題の一つであるという側面も否めません。だから、だれもが障害の理解や支援体制について、高い知識や強い関心をもてるわけではないことは当然のことです。

このように多忙な学級担任の教師と、特別支援教育に関する専門性とをつなげることも、特別支援教育コーディネーターの役割です。

▼特別支援教育の専門性

発達障害とは何か。子供をどのように見取り、どのように対応したらいいか。障害理解、アセスメントの仕方、適切な支援の方法など、特別支援教育に関する専門性は奥深いです。また、学校内のスクールカウンセラーや学習支援員、介助員、学校外の支援チーム、療育機関、医療機関などとの連携など、特別支援教育の世界は幅広くもあります。これら特別支援教育全般のことに精通している人は実は、ほとんどいません。特別支援教育の専門の人にもそれぞれ得意とする場があります。集団への指導については、学級担任の方が、専門性があるとも言えます。

▼強みを生かした連携

では、それぞれの専門性を生かすにはどうすればよいでしょうか。

簡単なことです。

わからなければ聞けばいいのです。お互い、未熟なところは教え合い、伝え合う、それが組織でかかわるということです。

私自身、通常の学級の担任をしながら、特別支援教育コーディネーターを務めているのですが、やれることには限りがあります。わからないところ、手が回らないところは、まわりの人に頼もうという姿勢で臨んでいます。

特別支援教育コーディネーターを複数指名する学校が増えてきました。

コーディネーターを専門で仕事をしている人はほとんどおらず、みな、教務主任、生活指導主任、養護教諭、支援学級や支援教室、学級担任など、他の仕事との兼務で務めています。こうしたそれぞれの立場でのコーディネーターには、その立場に合った強みがあります。自分の立ち場を生かしたコーディネーターの在り方も、これからは考えていかなければならないようです。

お互いがそれぞれの強みを生かしてかかわり合える組織作りがこれからの教育を支えるということを、特別支援教育を通して見ることができます。

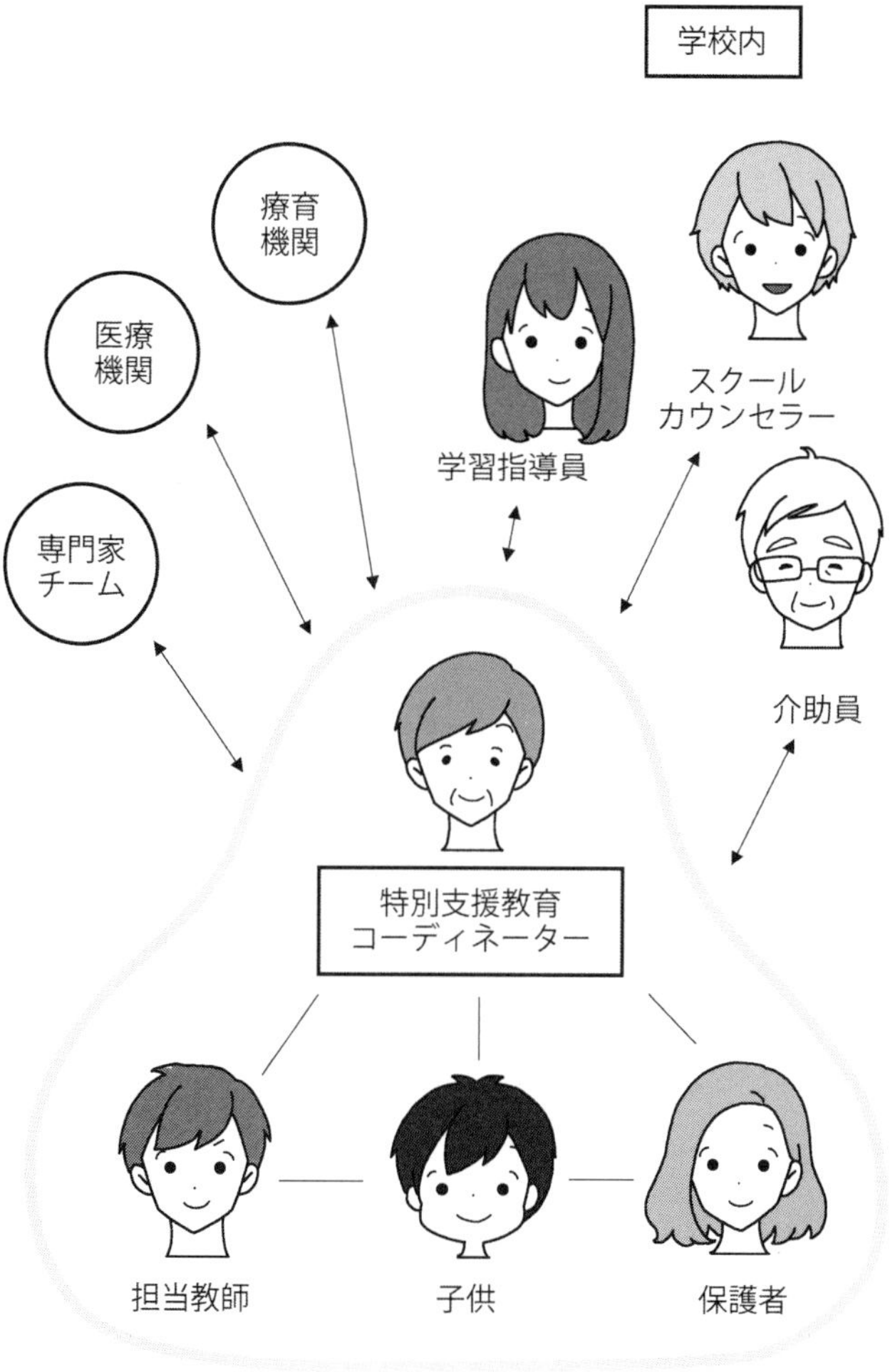
学校内
療育
機関
医療
機関
専門家
チーム
学習指導員
スクール
カウンセラー
介助員
特別支援教育
コーディネーター
担当教師
子供
保護者

5 保護者とつながる

▼家庭との連携

学習指導要領には、**「障害のある児童などについては、家庭、地域及び医療や福祉、保健、労働等の業務を行う関係機関との連携を図り、長期的な視点で児童への教育的支援を行う」**とあります。たくさんの連携機関が示されていますが、その最初にくるのが家庭です。当たり前ですが、家庭との連携は、その子の適切な支援になくてはならないものです。

しかし、そのためには、保護者に言いづらいことも言わなければなりません。その子が抱える不安、まわりの子が抱える不安、指導の難しさ、専門機関との連携などです。

こうした場合、こちらが意図していない方向で伝わってしまったり、保護者の不安や心配をあおってしまったりすることがあります。担任への不満や批判になってしまうこともあります。

▼保護者への伝え方

子供のことを考えれば、担任と保護者は、同じ方向を向いていられる方がよいです。お互い、マイナスの感情をもって過ごすようなことになってしまうと、一番、かわいそうなのは子供です。

そこで、保護者と担任との信頼関係を損ねないように、伝えにくいことは、担任ではなく、特別支援教育コーディネーターなどの第三者的な立場の人を通じて話すようにします。少し離れた立ち位置の人ならば、客観的に伝えることができますし、もし、意見や感情の行き違いが生じてしまっても、子供が間に挟まれることもないので、教室の日常の外側から、時間をかけて意思疎通を図っていくことも可能です。

ただし、その子のことを学校で一番心配しているのは、学級の担任であるということは、しっかりと示さなければいけません。担任と保護者とがつながっていられることが大事です。

▼長期的な支援と個別の教育支援計画

学校でその子のことを一番に考える存在は担任ですが、それよりもはるかに子供を心配し、時には心を痛めているのは、言うまでもなく保護者です。これまで、その子の困難さとずっとかかわってきて、これからも支え続けていくのが保護者です。それに比べて担任は、子供の長い人生の中のたった一年間、小学校として考えても六年間のかかわりでしかありません。だから、保護者の思いに寄り添うという姿勢を、担任の教師は忘れてはいけません。

さて、特に学校間のタテのつながりを含めた長期的な支援を考えるものが個別の教育支援計画です。今回の学習指導要領では、個別の教育支援計画を作成し、活用することに努めるように示されました。幼い頃はあまり深刻に考えていなかった保護者でも、中学校の入学、高校入試を想定すると、支援の必要性が現実味をおびてくるようです。

保護者と話すときには、長期的に見通しをもってその子のことを考え、今必要な支援の在り方を考えていけるとよいでしょう。

あとがき

二十年を越えた担任経験の中で、通常の学級の中で支援を必要としている子供へのかかわりに関心をもってきました。そんな私にとって、新学習指導要領における特別支援教育にかかわる記述は、大変興味深いものでした。特別支援教育が始まって10年以上が経ち、日々の学校生活や授業の中で、障害がある子供へ配慮をすることが、当たり前になりました。特別支援教育の黎明期によく言われていた特別でない特別支援教育の時代が、ついに訪れたのだろうと思います。

本書の執筆の機会をもらったことは、新しい学習指導要領を通して、そんな特別でない特別支援教育の在り方をみつめるよい機会となりました。

本書の執筆に際しまして、文部科学省教科調査官の田中裕一先生には、学習指導要領の内容や特別支援教育に関する社会情勢について、ご指導・ご助言をいただきました。

ノートルダム清心女子大学の青山新吾先生、国立特別支援教育総合研究所の涌井恵先生には、インクルーシブ教育について考える場を与えていただきました。

子供の理解や手立てについては、矢口特別支援学校の川上康則先生のお話を指針とさせてもらいました。

そして、東京コーディネーター研究会のみなさんとのこれまでの学びが、今日にいたる私の実践をつくり上げてくれました。

通常の学級の経験しかない私が、特別支援教育の視点での授業づくりに関する本書を出版することができたのは、こうしたたくさんの方々のお力添えのおかげです。心より感謝申し上げます。


本書が、これまで特別支援教育の現場で活躍されてきた方々の思いと、小学校の教室で過ごす子供や先生方の毎日とをつなげる役割を担えることを願っています。

二〇一八年四月

田中　博司

【著者紹介】
田中　博司（たなか　ひろし）
1970年生まれ。東京都公立小学校教諭。
通常の学級担任。
特別支援教育コーディネーター。
東京コーディネーター研究会研究部長。
授業づくりネットワーク理事。

［著書］
『スペシャリスト直伝！　通常の学級　特別支援教育の極意』（明治図書）ほか。

［イラスト］みやびなぎさ・木村美穂

小学校　新学習指導要領
特別支援教育の視点で授業づくり

2018年4月初版第1刷刊 ©著　者　田　中　博　司
発行者　藤　原　光　政
発行所　明治図書出版株式会社
http://www.meijitosho.co.jp
（企画）佐藤智恵（校正）川村千晶
〒114-0023　東京都北区滝野川7-46-1
振替00160-5-151318　電話03(5907)6703
ご注文窓口　電話03(5907)6668

＊検印省略　組版所　藤　原　印　刷　株　式　会　社

Printed in Japan　ISBN978-4-18-170847-4